AF150637

Hermann von Schmid

Sanct Barthelmä

Eine Dorfgeschichte aus alter Zeit

Hermann von Schmid

Sanct Barthelmä
Eine Dorfgeschichte aus alter Zeit

ISBN/EAN: 9783743488687

Hergestellt in Europa, USA, Kanada, Australien, Japan

Cover: Foto ©ninafisch / pixelio.de

Manufactured and distributed by brebook publishing software
(www.brebook.com)

Hermann von Schmid

Sanct Barthelmä

Sanct Barthelmä.

Eine Dorfgeschichte aus alter Zeit

von

Herman Schmid.

Augsburg, 1868.

Druck des Literar. Instituts von Dr. M. Huttler.

Das Kreuz am See.

Ein lang gezogener kräftiger Ruf hallte durch den heißen Sommernachmittag, dessen tiefblauer sonniger Himmel sich in dem dunklen See so tief und vertieft abspiegelte, als wäre es ihm selbst ein wohliges Gefühl, mit seiner Schwüle unterzutauchen in dem kühlen regungslosen Gewässer.

Der See — damals noch namenlos — ist jetzt der Königssee geheißen und mit Recht, denn er ist das Kronjuwel in dem Felsendiademe der Alpen.

Der Ruf kam in der Richtung vom Teufelshorn her, wo jetzt durch Tannenwald und Steingetrümmer der Landthalerbach sich herunterstürzt zu der einsamen Fischunkel-Alm: die rothgraue riesige Sagereckerwand gegenüber gab wiederhallend den Ruf zurück — sonst war es still und lautlos: nur ein Seeadler, vielleicht in seinem Horst aufgestört, strich mit langsam mächtigen Flügelschlägen über die Schrofen und Berggrate hin, der Watzmannscharte zu.

Der den Ruf ausgestoßen, mochte aber eine Antwort erwartet haben und wiederholte ihn deßhalb, stärker und nachhallender als zuvor; zugleich ward am Saume der Waldregion ein Mann sichtbar, der unter den Bäumen hervortrat, dann auf dem schmalen Rasenstreifen über der Felswand stehen blieb, und einen scharf prüfenden Blick über die Höhen entlang und in die Thaltiefen hinab streifen ließ, als gelte es, die verlorene Spur einer entflohenen Beute wieder zu entdecken. Daß er eben vom Waidwerke kam, war an dem Wurfspieß zu erkennen, dessen eingerissene Eisenspitze hoch über die ansehnliche Gestalt des Mannes hinausragte, nicht minder an dem starken Bogen, der quer über den Rücken geworfen war, während vom Gürtel des grobfaltigen Lobenwammses ein hölzerner Köcher niederhing, mit einem Stück rauher Thierhaut überspannt und mit kurzen Federpfeilen besteckt. Dennoch schien es wieder nicht eine Jagdbeute zu sein, wornach der Mann ausblickte, denn über die Schulter lag ihm ein noch blutender, also frisch erlegter Steinbock, dessen mächtiges Gehörne hoch über der Lederkappe des Jägers emporsah, daß es schier dazu zu gehören schien, als Wehr und sonderbare Zier. Unter der von einem Eisenrande eingefaßten Haube fielen lange Strähne schlichten Haares über Nacken und Schultern herab, aber gebleicht und stark von den Jahren gelichtet. Dem hienach muthmaßlichen hohen Alter des Mannes widersprach aber wieder die rasche Behendigkeit, mit welcher er nach kurzer vergeblicher Umschau, trotz der beträchtlichen Last auf seinen Schultern den steilen Felsweg herniederstieg, der eher einem durch Bergwasser und Gewittergüsse eingerissenen und ausgespülten Rinnsale glich als einem wirklichen gebahnten Pfade. Mit hoch gehaltenem Nacken und straffen Kniekehlen kam er von Absatz zu Absatz herunter und schien es weder zu fühlen noch zu beachten, wenn sein Fuß auf dem lockern Gerölle ausglitt oder das scharfe Gestein die groben Schuhe schürfte, welche aus starkem Leder kunstlos geschnitten und mit groben Riemen um Sohlen, Fersen und Knöchel festgebunden waren. Es war nicht, als ob er von seinem Tagwerke heimkehre, sondern als hätte er, dasselbe rüstig zu beginnen, eben den ersten Fuß über die Schwelle gesetzt.

Die Schnelligkeit des Steigens hinderte aber nicht, daß er manchmal einen Blick in die Thalenge und auf den Seespiegel hinunter schickte, ob nicht auf demselben, da sonst alles ruhig blieb, ein Fahrzeug sichtbar werden wollte. Die Wasserfläche war weit hinaus zu übersehen, denn damals hatte noch kein Felsdamm den jetzigen Obersee von dem Hauptgewässer getrennt und das Auge glitt ungehindert auf der Flut dahin bis an das anmuthige grünberaste Fleckchen Ebene, welches am Fuße des Watzmann sich wie ein freundliches Eiland ausbreitet, während ihm gegenüber die Seewand sich als Bollwerk vordrängt, als wolle sie dem Ankommenden wehren, in das untere langgestreckte Seebecken zu gelangen, das dahinter in seiner ganzen furchtbaren Herrlichkeit sich aufthut.

Einigemale hielt der Waidmann in seiner Wanderung an, denn ohne durch seinen Ruf veranlaßt zu sein, zog manchmal ein eigenthümliches Getöse durch die Luft, das sich bald wie das dumpfe Rollen sich reibender Massen anhörte, bald wie das tropfenartige Geriesel abbröckelnden Gesteins. Der Jäger blickte staunend über sich im Luftkreise herum; dann sah er zum Boden nieder und prüfte, ob allenfalls sein Tritt das Geröll gelockert habe und in die Tiefe poltern machte. Dann richtete sich sein Auge wieder nach oben und blieb an dem gegenüberliegenden Berge hangen, dessen riesige Spitze so hoch über alle andern Zacken und Höhen um ihn her emporragte, daß selbst das Felsenhaupt des furchtbaren Watzmann davor wie gebeugt und niedrig erschien. Die Spitze war wunderlich gestaltet und lief zuletzt aus allerlei Zacken

in ein ungeheures Horn zusammen, deſſen Schneide, nach vorne
übergebeugt, weit in die Luft hinein ragte und ſo, getragen
von der einwärts gekrümmten, faſt höhlenartigen Wand, einen
grauenhaften Ueberhang bildete.

„Der Kaunſtein,“ ſagte der Jäger vor ſich hin, „hat
wieder einmal ſeinen böſen Tag! Die Kobolde und Schwarz-
Elfen mögen wieder ihr Weſen treiben!“ Dabei hob er die
rechte Hand in die Höhe, daß ſie geſchloſſen erſchien und nur
der Zeigefinger und der kleine Finger ausgeſtreckt waren.
So hielt er die Hand gegen die unheimliche Bergwand hin
und murmelte: „Zurück von mir . . . ich weiſe den Zauber
ab — alles Neidingswerk falle auf Euch ſelber zurück!“

Gelaſſen und wie beruhigt ſetzte er dann ſeinen Weg fort.

Sein Herannahen wie ſein Rufen waren indeſſen nicht
ſo unbeachtet geblieben, als es den Anſchein hatte.

In der Ebene, wo der Landthalerbach ſich in den See
ergießt, war das Geſtade nicht felſig und feſt, wie jetzt,
ſondern zog ſich in langen Streifen von Schilf und Geröhricht bis gegen den anſteigenden Raſen und den Tannen-
forſt der Fiſchunkel hin. Das Waſſer ſtand ſeicht und in
ſehr langſam zunehmender Tiefe über dem weichen ſchlammigen
Grunde, aus welchem dichte Rohrſtengel mit ihren ſchwarz-
braunen Rohrkolben ſich erhoben und im Winde ſchaukelnd
die ſtarren Blätter an einander rauſchen ließen. Dazwiſchen
ſtieg die ſchmucke Seefeder empor und ſchwenkte träumeriſch
den grauen Bart. In dem Geröhricht lag ein großer Nachen,
der in ſeiner roh behauenen Geſtalt noch vollkommen erkennen
ließ, daß er vor nicht langer Zeit nichts Anderes geweſen,
als ein rieſiger Eichbaum, deſſen Stamm nur etwas zuge-
rundet, unten abgeplattet und oben ausgehöhlt worden war,
um als unſcheinbares aber tüchtiges Fahrzeig zu dienen.

An dem Nachen war ein junger Mann in voller Thätigkeit und bemühte sich, denselben vom Gestade, auf das er theilweise herausgezogen war, loszumachen und in's Wasser zu bringen. Er war in einfaches grob härnes Wamms gekleidet, an dessen Gürtel ein starkes Messer steckte, dem ein Gemshorn zum Griffe diente. Die Beinkleider, wie das Gewand, von Haften und Fibeln zusammen gehalten, reichten nur wenig über die Kniee herab; die Füße waren bloß von festgebundenen Sandalen bedeckt, auf dem Scheitel saß ein breitrandiger Hut aus Weidengeflecht, auf den kräftigen sonnenbraunen Nacken fiel daraus das reiche dunkle Haar in kunstlosen Locken herab. Bogen, Köcher und Wurfspieß, welche im Kahne lagen, ließen erkennen, daß der Jüngling ebenfalls auf's Waidwerk ausgezogen war und die Aehnlichkeit der Gesichtszüge wie der ganzen Haltung verrieth, daß er zu dem alten Jäger gehörte und daß er es war, dem dessen suchender Zuruf gegolten. Trotz allen Eifers und aller Mühe, womit der Jüngling die kräftigen Arme an das Fahrzeug stemmte, wollte dasselbe nicht von der Stelle weichen: es schien wie verwachsen mit dem lehmigen Boden, und erst als er in den nahen Wald gesprungen, und dort ein dürres Tannenstämmchen abgebrochen hatte, um es als Hebelstange unter den Nachen zu setzen, gelang es ihm, mit angestemmtem Rücken ihn in die Flut zu schieben, daß die Wellen aufschwankten und das Geröhricht rauschte. Darüber war viele Zeit verloren gegangen und ein flüchtiger Seitenblick zeigte ihm, daß es unmöglich war, noch vor der Ankunft des Alten den hohen See zu erreichen, denn das Steinbock-Gehörne ward schon in nächster Nähe über dem letzten Felsenvorsprung des Bergpfades sichtbar. Mit einer Bewegung, in welcher die Hast des Unmuths nicht zu verkennen war, ergriff er Bogen und Köcher,

die schon im Nachen gelegen, und warf sie in das Ufergras
zurück; dann setzte er sich auf den Rand des Schiffs und
zog ein aus groben Bastfäden geflochtenes Fischernetz daraus
hervor, dessen hie und da losgegangene Enden er so sorg-
fältig zusammenknüpfte, als habe er seit geraumer Zeit nichts
Anderes gethan, und sei so vertieft darin, daß er den Alten
nicht gewahr geworden, auch als derselbe schon beinahe hinter
ihm gestanden.

„Bist Du auf eine Taubwurzel getreten," rief ihn dieser
jetzt rauhen Tones an, „oder ist meine Stimme so matt geworden, daß man sie nicht mehr vernimmt? Was lässest
Du mich rufen, Markulf, und antwortest nicht?"

Der Jüngling hatte sich zu ihm gewendet als sei er von
seiner Ankunft überrascht, aber er kam mit der Verstellung
so schlecht zu Stande, daß sie auch einem minder scharfen
Blicke durchdringbar gewesen wäre, als den der alte Jäger
unter den grauen Augenbrauenbüscheln hervor auf ihn richtete.
Er kehrte sich ab, um auszuweichen und breitete das Netz
auf dem Schiffboden zurecht. „Ich habe mancherlei Laut gehört,
Vater," sagte er, „aber ich habe Deinen Ruf d'runter nicht
erkannt . . . es regt sich allerlei, wenn man in der Einsamkeit sitzt zwischen Berg und See und im Kaunstein hat es
auch wieder gerollt und gedröhnt, als wenn im Winter das
Eis und die Kälte einen Eichstamm sprengen, daß er krachend
auseinander berstet!"

„Was schwatzest Du mir für Mährlein vor?" rief der
Alte, indem er den Steinbock von den Schultern schwang und
in den Nachen warf, daß derselbe tiefer tauchend schwankte,
und ringsum das Wasser emporspritzte. „Siehst Du nicht,
wie hoch der Schatten schon am Watzmann hinauf kriecht?
Es geht gegen Abend und Du mußtest wissen, daß ich nun

bald heimkehren würde ... Was hattest Du's dann so
eilig, den Kahn in den See zu bringen und fortzurudern,
eh' ich eingetroffen? Meintest wohl, ich würde zum erstenmal im Leben von der Jagd mit leeren Händen heimkommen
oder meine Schultern seien stark genug, einen Steinbock noch
über ein paar Jöcher mehr zu tragen? — Steig' in den
Nachen," fuhr er fort, als Markulf nichts entgegnete, „und
rudere nach Hause. Sorge, daß das Thier noch ausge-
weidet wird, und spanne das Wildfell über die Querhölzer,
es ist dicht und soll eine gute Decke abgeben, denk' ich ...
Zuvor aber halte im untern See an, wirf das Netz aus und
stehe, daß Du eine Anzahl schöner Salmlinge fängst. Wo
der Bach durch die Kesselschlucht herunter kommt, haben die
größten und schönsten ihren Stand, sie geh'n dem frischen
Quellwasser zu und die Leber des Steinbocks ist ein Köder,
der ihnen weidlich gefällt ..."

„Wozu, Vater?" sagte Markulf. „Der Fischkasten daheim
ist gefüllt auf lange Zeit — ich habe erst vor wenigen Tagen
nachgeseh'n ..."

„Falle mir nicht in's Wort, Knabe," unterbrach ihn der
Alte streng, „die Fische sind zum Gastgeschenk bestimmt für
einen gar edlen und vornehmen Mann, dem ich das Beste
vermeine; darum thue ohne Widerrede, was ich Dir sage —
ich will den Bergweg einschlagen, über den Watzmann hin
und einem Bären nachstreifen, den ich vor ein paar Tagen
aufgespürt habe ..."

„Der Weg über's Joch ist mühselig und weit," entgegnete der Sohn, „Du wirst müde sein, Vater ... Das
Fischen ist leichtere Arbeit; nimm Du sie Vater, und laß'
den Bären mir ..."

„Den Bären?" antwortete lachend der Alte. „Als ob

ich nicht wüßte, um was es Dir bei diesem Tausche zu thun
wäre! Die Seefahrt ist es, die Dir nicht behagt . . . trotz
seiner Weite und Mühseligkeit zögest Du den Landweg vor,
weil er über die grüne Weide führt — dort drüben am
Fuße des Watzmann, wo die Almend = Hütte steht und die
schwarze Walchendirne als Sennin haust! Die ist es, die
Dich auf den Landweg lockt, aber eben darum sollst Du nicht
hin, sondern sollst daran vorüber fahren und auf meine
Salmen denken!"

„Es soll geschehen, wie Du es willst, Vater . . .,"
sagte der Sohn, um Vieles gefaßter. „Wär' es aber auch,
wie Du sagst, ich fände kein Unrecht darin . . . die Maid
ist wacker und wohl berufen . . ."

„Aber eine Fremde." eiferte der Alte, „eine Tochter der
weibischen Römlinge, die im Lande zurückgeblieben sind und
sich drüben in der Roms = Au eingenistet haben! Der alte
Chriembert ist ein freier Barschalk, der als eigener Herr
auf seinem Gehöft in der Schönau haust und Niemand über
sich hat als den Herzog! Ich will nichts wissen von diesem
Walchenvolk! Mein Sohn soll nicht verkehren mit den
halbfreien Leuten, die nur aus Gunst und Gnade auf ihren
verliehenen Hufen sitzen . . ."

Ueber Markulf's Angesicht flog dunkle Röthe, aber er
war in den Kahn gestiegen und beugte sich, sie zu verbergen,
auf die weidengeflochtenen Ringe nieder, in welche die Ruder
eingesteckt waren . . . Plötzlich aber sprang er auf, griff
nach seinem Geschoß, und hatte im Augenblick den Bogen
gespannt und den Pfeil aufgelegt — in geringer Entfernung
war es aus dem Geröhricht emporgerauscht, und ein paar
wilde Schwäne zogen mit weiß = schimmerndem Gefieder über
den See gegen die grüne Weide hin: allein so schnell Markulf

sich zum Zielen und Losschnellen der Sehne erhoben, ebenso rasch war der Alte hinzuspringend ihm in den Arm gefallen und hatte ihn zurück gerissen, daß der abgeschossene Pfeil in ganz anderer Richtung in die Höhe stieg und dann gerade abfallend im Wasser des Sees versank. „Hat Dich der Toll=wurm gestochen, daß Du nach einem Schwane zielst?" rief der Alte unwillig, „Weißt Du nicht, daß er ein heiliges Thier ist? Daß es die Walkyren sind und die Wind= und Wasser=Frauen, die in dieser Gestalt an den See kommen, um sich zu baden?"

„Es heißt so, Vater," sagte Markulf, „aber Du vergissest, daß die alten Götter nicht mehr sind. Es gibt keine Walkyren mehr und keine Schwanen=Jungfrauen . . . der Christenbischof draußen in der alten Römerstadt hat sie alle zu Teufeln gemacht und hat sie gebannt, daß sie uns nichts mehr zu Leide thun können!"

„Was kümmert mich der Bischof und sein Bann?" erwiderte Markulf. „Er ist nicht bei mir, wenn ich einsam mich herumschlage mit dem Gebirg und den Geistern, die in seinen Schrecken hausen! Er sollte einmal mitgehen und einen Sturm ansehen auf dem Funtensee oder ein Gewitter über dem steinernen Meer, — er würde wohl lernen, an die Walkyren glauben!"

„Aber es ist auch des Herzogs Gebot, daß wir Christen sein sollen und sollen nicht mehr an die alten Götzen glauben! Du bist ja auch getauft worden, Vater!"

„So haben sie mir gesagt!" entgegnete mit fast spöt=tischem Lächeln der alte Waidmann und schüttelte das graue Haar. „Ich weiß aber nicht, was das bedeuten soll und begehre nicht, es zu wissen! Der Herzog Diet hat befohlen, ich soll mich vor dem Manne im weißen Gewande beugen,

und mir Waſſer auf's Haupt gießen laſſen . . . ich hab'
es gethan, weil es Befehl des Herzogs war — aber die
paar Tropfen haben des alten Chriemberts ſtarren Sinn nicht
weggewaſchen oder geſchmeidig gemacht! In unſerer Bergwildniß fragt Niemand, was ich glaube . . . Wie es damit
einmal nach mir werden wird — das weiß und ſorg' ich nicht,
aber ſo lang ich lebe, will ich bei den alten Göttern aus-
halten, die bei mir ausgehalten haben, mein ganzes langes
Leben durch — ich will mit ihnen heimfahren und auch zu
ihnen!"

Der Jüngling erwiderte nichts; er hatte den Schwänen
nachgeſehen, die plötzlich von der erſt genommenen Richtung
abweichend, im Fluge umkehrten und nun hoch über den
Köpfen der Männer wieder nach der Wand des Kaunſteins
hin ſchwirrten. Eine Feder flatterte herab und fiel wie hin-
geſtreut zu den Füßen des Jünglings nieder. — Dieſer bückte
ſich, ſie aufzuheben. „So will ich wenigſtens ein Denkzeichen
haben," ſagte er, „und mir den Flaum auf den Hut ſtecken . . ."

Ehe er ſein Vorhaben auszuführen vermochte, hatte der
Alte den Fuß darauf geſetzt und das zarte Gefieder in
Waſſer und Schlamm untergetreten. „Du ſollſt nicht!" rief
er entrüſtet. „Lächle nicht und ſchüttle den Kopf nicht, —
ſpring in den Kahn, ſtoße ab und danke mir lieber, daß ich
Dich warne und vor der Gefahr bewahre! In dem Schwanen-
kleid und ſeinem Gefieder ſitzt der Zauber . . . Hat die
Walkyre es abgelegt und ein Mann findet das Gewand und
nimmt es zu ſich, ſo muß ſie ihm unterthan ſein und gehorchen,
bis es ihr gelingt, das Schwanenhemb wieder zu gewinnen
und mit ihm zu entfliehen . . . Iſt aber ein Menſch thöricht
oder unvorſichtig genug, auch nur ein Federchen aus dem
Gefieder am eigenen Leib zu tragen, ſo iſt er dafür ihr ver-

fallen auf ewig . . . Stoß' ab, sag' ich Dir und folge
meinem Wort . . . ich habe Dich gelehrt, wie man die
Waffen braucht zu Kampf und Waidwerk: Du wirst auch hier
wohl fahren, wenn Du thust, was ich begehre und wenn
Dir ein solch' gespenstig Weib in Weg kommt . . . sie sind
leicht zu erkennen, denn wenn sie auch Menschengestalt haben,
sind sie doch gebannt, daß sie immer etwas vom Schwan an
sich tragen müssen und wär' es nur ein einziges Federchen . . .
Kommt eine Solche Dir in den Weg, so schaue nicht nach
ihr, Markulf, mein Sohn: geh' fürbaß und weise den Zauber
ab, sonst bist Du verloren . . ."

Der Jüngling hatte schweigend mit ungläubigem Lächeln
zugehört und indessen die Ruder am Kahne völlig zu recht
gemacht. „Es wird mir Keine in den Weg kommen," sagte
er halblaut und machte den ersten Ruderzug.

„Das walte Dein gutes Glück," rief der Alte, „Du
bist ein ungläubiger Thor, der über die Gefahr lacht, weil
er sie nicht kennt! Wollt' ich Dir erzählen, was ich noch
in diesen Tagen geschaut, Du würdest wohl anders reden . . .
So fahre denn zu und bringe mir ein tüchtig Netz voll
Salmen heim! Und wenn Du um die Seewand herum
fährst in den untern See, so sieh' zu, daß Du Dich rechts
hältst, nicht zu weit links, gegen die Almend hin . . . es gibt
Untiefen dort, an denen Du stranden könntest . . ."

Markulf hörte die letzten Worte nicht mehr: einige kräftige Züge hatten genügt, ihn aus dem Bereich der Rede des
Alten zu bringen; dieser aber blieb stehen und folgte mit
den Augen, bis der Nachen die vorspringende Seewand
erreicht hatte, und um dieselbe vorbeugend verschwunden war.
Gelassen lüpfte er dann das im Gürtel steckende breite Beil,
wie um zu erproben, daß es leicht und handlich zu haben

sei, wenn es dem erwarteten Bären belieben sollte, den Kampf
in nächster Nähe aufzunehmen; dann legte er den Spieß gemächlich über die Schultern, und schritt links am Felshange
des Gestades hin, auf schmalem Steinpfad, in allerlei Win-
dungen, oft hoch über dem Wasser schwebend, gleich einem
an's Gestein sich anklammernden Vogel, bald hernieder steigend
bis an dessen Rand, wo der Fels thurmtief und senkrecht abstürzt in die unheimlich grün daran anschlagende Flut. —

— In dem kleinen Rasen-Eiland, das, wohl allgemach
aus dem herabgeschwemmten Geröll der Eisbäche entstanden,
in einer Einbuchtung des Watzmanns wie eingebettet liegt,
war es indessen nicht minder still; das Bild, das sich dort
entrollte, war noch ruhiger und auch anmuthiger, als das
am obern Ende die beiden Männer unter dem Ueberhange
des Kaunsteins geboten hatten. In sanfter Senkung stieg
das reich begrünte Gelände gegen den See hinab, der mit
wohlgefälligem Plätschern um den Kies des seichten Ufers
zu spielen schien; in leicht vorspringendem Bogen schweifte
es tief in den See hinein, daß die Fahrbahn zwischen ihm
und der gerade gegenüber sich aufthürmenden Seewand nur
eine unbeträchtliche Breite hatte. Es war unmöglich, daß
ein Nachen hindurch oder vorüber konnte, ohne bemerkt zu
werden: es bedurfte sogar nicht einmal besonders scharfer
Sinne, um die Gesichtszüge der vorüber Fahrenden zu erkennen und jedes Wort zu vernehmen, das sie etwa miteinander sprachen. In dem hohen glänzenden Grase lagen
und wanderten Kühe weidend hin und her, kleine nicht eben
ansehnliche Thiere mit kurzem stumpfem Gehörn, aber munter
und kräftig und von schöner tiefbrauner Farbe, die durch den
gleichmäßigen weißen Stern am Kopf und den sich fort-
setzenden Rückenstreifen noch mehr hervorgehoben wurde.

Dazwischen liefen Lämmer und Schafe herum und in dem Hain von Buchen und Ulmen, der in einiger Entfernung den Weideplatz wie eine Umzäunung abgrenzte, sprangen einige Ziegen zwischen den Stämmen herum, und suchten sich Blatt und Blütendolde der Zaunrübe herabzureißen, die hie und da sich wie zierliches Gewinde und Behäng aus dem untern Buschwerk emporgearbeitet und am Gezweige festgerankt hatte.

Etwa in der Mitte des Platzes, auf einer kleinen Anhöhe, erhob sich eine hölzerne Hütte, geräumig genug, bei einbrechendem Unwetter dem Almvieh ein Obdach zu geben, aber mit einfachster Kunst aus übereinandergelegten Balken erbaut und im Giebel mit solchen gedeckt. Die Ritzen und Fugen waren mit Moos und Rinde verstopft, das Dach durch Steinblöcke festgehalten, welche das Gebälk in die Fugen einschweren mußten. An der vordern Seite ließ die offen stehende Thüre ein kleines abgesondertes Gemach erkennen, worin ein feuergeschwärztes, oben abgeplattetes Felsstück die Stelle des Herdes, ein paar Blöcke eines Baumstamms jene von Tisch und Bank vertraten: in der Ecke war aus Heu und Blättern ein Lager aufgeschüttet und von einer darüber gebreiteten Wilddecke zusammengehalten. Aus Lindenholz gehöhlte Schüsseln und anderes Geschirr, mit Weidenruthen umflochten, hing an den Wänden. Vor der Thüre seitwärts stand hoch aufgerichtet ein schlicht behauenes mächtiges Holzkreuz, vom Wetter versilbert und von der Luft gebräunt, durch die Gewalt der Stürme etwas gebeugt, als wolle es dem hinzu Tretenden sich freundlich entgegen neigen. An der Giebelsäule des Hauses, unter einem kleinen Schutzdache aus Binsengeflecht hing eine Glocke von der allerältesten Gestalt: einer umgestürzten ehernen Schale ähnlich, und nur durch den daran hängenden Schwengel von einer solchen unterschieden.

Die Bewohnerin des Hauses saß unfern desselben im
Grase, an einer Stelle, wo sie nicht nur den ganzen Platz
mit der weidenden Heerde mit Einem Blicke zu übersehen
vermochte, sondern wo auch das ganze mächtige See-Becken
nach beiden Richtungen hin vor ihr ausgebreitet lag. Die
Sennin trug ein langes dunkles Gewand, das unter der
Brust gegürtet und um den Leib noch einmal aufgeschlagen
war, daß es wie ein Doppelrock aussah. Arme und Schultern waren unbedeckt; dunkle Erzhaften hielten zu beiden
Seiten das Kleid befestigt; das in ihrer sitzenden Stellung die
nackten Füße beinahe völlig verhüllte und kaum entdecken ließ,
daß sie mit einer Art Sandalen, an denen ein kleiner pan-
toffelartiger Vorschuh sich befand, gegen das Ungemach der
rauhen Wege geschützt war. Ein weißes, in's Viereck
gebundenes Tuch, das zu beiden Seiten breit herniederfiel,
schützte den Kopf mehr gegen die stark auffallenden Sonnenstrahlen, als es denselben verbarg: das Gesicht darunter war
schmal und fein geformt, von jener tiefen Färbung, wie sie
den Südländern eigen ist und von welcher der rosige Anhauch
der Wangen, das frische Roth der Lippen, die dunklen Bogen
der Augenbrauen und das schimmernd schwarze, in schweren
Locken niederringelnde Haar sich desto lebhafter und belebender
abhoben. Die Gestalt war edel und von anmuthiger Ge-
schmeidigkeit wie die des Rehs im Gehölz oder der Gemse
auf den Felsklippen darüber — der Ausdruck der Züge war
sanft und sinnig bescheiden, wie das Edelweiß der Berge.
Die ganze Erscheinung stimmte vollkommen heimisch zu der
gesammten Umgebung, und doch war etwas Ungewohntes an
ihr, als wär' es eine aus einem andern Himmelsstriche ein-
geführte Pflanze, welche, wenn auch festgewurzelt und ein-
gewöhnt in dem neuen Boden, doch das Gepräge ihrer

Abstammung, die Erinnerung an die alte Heimat, nicht ver-
läugnet.

Das Mädchen hatte einen Flachs-Rocken an langem
Stabe neben sich in die Erde gesteckt und ließ an dem rasch
sich abspinnenden Faden die Spindel munter durch die
Grashalme hüpfen: dennoch schienen ihre Gedanken nicht ganz
bei ihrer Beschäftigung zu sein — die Spindel bewegte sich
allmählig immer langsamer, bis sie mit einem letzten Wirbel
in's Gras taumelte; die Hand der Spinnerin folgte herab-
sinkend nach, und der Blick blieb auf der schimmernden See-
fläche haften.

Ein Nachen kam vom obern Theile des Sees eilfertig
herangerudert nach der Almende hin und der Seewand
gegenüber.

„Der wilde Markulf . . ." flüsterte das Mädchen vor
sich hin, indeß ein anmuthiges Lächeln den feinen Mund um-
spielte. „ . . . Er kommt von der Waidfahrt zurück. Ich
sah ihn schon früh Morgens hineinwärts rudern — da hielt
er nicht an und hatt' es so eilig, daß er keinen Ruf, wie
er sonst wohl pflegt, herüber senden konnte zum Gruß . . .
Freilich, da war er nicht allein: jetzt wird er wohl nicht
vorüberfahren, und wird ein Weilchen anlegen . . . Ich
will ihm einen Becher Milch bereit setzen," fuhr sie fort,
und schien sich erheben zu wollen, hielt aber im nämlichen
Augenblick stockend inne, und blickte schärfer nach Fährmann
und Fahrzeug hinaus. „Er wendet den Kahn noch nicht —
er will mich necken, der Wildfang, weiß ich ihm nicht zugehört,
wie er jüngst . . . Dort, wo der matte Wasserflecken im
See das Felsenhorn verräth, das darunter lauert, dort
muß er wenden, wenn er nicht an dem Gestein festfahren, . . .
wenn er hieher lenken will . . ."

Sie verstummte, ihr Athem ging etwas kürzer und ein leichtes Roth glitt über Nacken und Stirne — der Nachen draußen im See wendete nicht: ohne Ruf, ohne Wink ruderte der Fährmann in das untere große Seebecken hinaus.

„Mag er fahren; wie er will!“ rief sie und kehrte mit nicht ganz ungekünstelter Ruhe zu ihrer Arbeit zurück. „Kümmert mich's? Ich werde Keinem rufen, der nicht selber gerne als Gast einspricht — das ist nicht Brauch auf der Walchen-Almend! . . . Wird wohl Unglück auf der Jagd gehabt haben, der unwirsche Gesell und grollt im Unmuth jetzt auch mit mir und meinem Milchbecher . . . Mag er! Glückliche Fahrt! Er wird warten dürfen, bis er die Thüre zur Sennhütte wieder geöffnet findet!“

Beruhigter spann sie weiter, aber sie konnte es nicht über sich gewinnen, nicht doch manchmal flüchtig in den See hinaus zu schauen, wo der Nachen schon in verschwindender Kleinheit sich in dem eintönigen Graubraun der Felswände verlor: darüber ward sie gewahr, daß der Himmel sich mit jenem röthlichen Anhauch zu bedecken begann, welcher dem Sinken der Abendsonne vorhergeht. „Schau,“ sagte sie leise und erhob sich, „der Kaunstein fängt schon zu glühen an — die Dämmerung wird geschwind da sein. Das ist die Zeit, wo die frommen Schwestern drüben an der Salzburg das Zeichen geben zur Vesper . . . hört es auch Niemand in der Wildniß, ich will auch zum Abendgebet läuten, für Alles, was da lebt in der Einsamkeit und für mich selbst — es wird mir die wirren Gedanken verjagen, die nicht aus dem Sinne wollen . . .“

Sie trat an die Hütte und zog die Schnur der Glocke; bald begann sie zu schwingen und ihre nicht starken, aber wohl klingenden Schläge hallten feierlich durch das wie athem-

los lauschende Felsthal. Sie war darüber nicht gewahr
geworden, daß der alte Chriembert aus dem Gehölz heran
gekommen war und eine Weile beobachtend stehen blieb; dann
beschleunigte er seinen Schritt, bis er neben ihr stand und
ihr in den Arm fiel, der den Glockenstrang zog.

Mit einem gellenden Schlage brach das Läuten ab.

„Was schaffst Du für Zauber und Neidingswerk, ver-
fluchte Walchendirne!" rief er mit funkelnden Blicken, während
sie, ruhig aber entschieden sich von seiner Hand losmachend,
einen Schritt zurück trat und die befremdeten dunklen Augen
fragend zu ihm aufschlug. „Ihr sid's, Vater Chriembert?"
sagte sie. „Was habt Ihr im Sinne, daß Ihr mich so
anfaßt und im Gebete stört?"

„Das Fragen überlasse mir!" rief der Alte entgegen.
„Du sage mir, was Du im Sinne hast! Wenn Du gebetet hättest — wenn Du nicht Unrechtes gethan, warum
bist Du so erschrocken und starrst mich so an mit den un-
heimlichen schwarzen Augen?" —

„Ich bin nicht erschrocken," erwiderte sie mit lächeln-
der Anmuth, „aber ich bin verwundert . . . bin ich auch
nur eine Walchendirne, wie Ihr gesagt — es ist nicht
Sitte in der Roms-Au und ich bin es nicht gewohnt, so
rauh überfallen zu werden und gescholten, wie man bei uns
Walchen eine Magd nicht schilt!"

„Willst Du mich noch Sitte lehren?" brauste der Alte
auf. „Ich bin ein Greis geworden nach meinem Sinn und
Brauch, und werde beide nimmer ändern — vollends nicht
um Deinetwillen! Ich habe Dich belauscht . . . bekenne,
was Du für bösen Zauber gewirkt!"

„Zauber!" sagte das Mädchen kopfschüttelnd, indem es
mit noch schönerem Lächeln nach dem Kreuze deutete, das

2*

sich hinter ihr erhob. „Zauberei — in der Nähe dieses Zeichens?"

„Weiß ich, wo Deine Macht steckt?" rief der Jäger. „Wohl in dem Klang der wunderlichen Schale, die Du da aufgehangen hast? Was ist das Anderes, als Alrunenkunst? . . ."

Das Mädchen lächelte stärker, wie Jemand, der seine Ueberlegenheit über einen Andern fühlt und doch schonend genug ist, das nicht zu zeigen. „Das ist ein römisch Kleinob," sagte sie, „das sich in unserem Haus fortgeerbt hat von Vater auf Sohn — es ist eine Glocke und kein Zaubermittel . . . Darum laßt die Walchenbirne, Vater Chriembert, und geht Eure Wege!"

Der Alte stand unschlüssig. „Willst mich fortweisen?" sagte er dann. „Willst mir gebieten, die Hörige einem Freien?"

Ueber das Gesicht der Sennin flog eine augenblickliche Wallung des Unmuths. — „Eine Hörige?" sagte sie dann. „Ja, ich bin's — weil Eure wilden Vorfahren die Meinigen, die in diesen Bergen seit Jahrhunderten sich angesiedelt und aus der Wildniß ein blühendes Land geschaffen hatten, über fallen, verdrängt und vernichtet haben! — Ja, ich bin eine Hörige — aber nicht die Eure! Ich bin es nicht an diesem Orte! Hier steh' ich auf der Walchen-Almende, auf Grund und Boden derer von der Roms-Au, die mich zu ihrer Sennin bestellt haben und darum biet' ich's Euch, daß Ihr nicht den Frieden der Gemarkung stört oder ich sorge, daß Ihr der Gemeinde dafür büßt . . . auch für den freien Barschalken gibt es ein Gesetz!"

„Verstelle Dich, wie Du willst!" entgegnete der Alte nach kleiner Pause in etwas milderem Tone. „Ich weiß doch, was ich von Dir zu denken und zu glauben habe . . . aber gib meinen Sohn los: laß meinen Markulf frei und ich will nicht weiter fragen noch wissen, was Du treibst!"

„Was kümmert mich Euer Sohn?" fragte das Mädchen rasch und erglühend. „Ich will nichts von ihm! Er hat beim Waidgang an der Sennhütte in der Walhen-Almende gastlich eingesprochen, wie mancher andere Jäger und Berg-fahrer ... Verbietet es ihm, so es Euch gefällt, so der Sohn des freien Barschalken sich gebieten läßt!"

„Er wird und muß!" rief zürnend der Alte. „Noch ist er nicht mündig — ist noch in meinem Haus ... aber wohl weiß ich, daß Warnung und Gebot nicht nützt, wenn Du ihn nicht frei gibst aus der Gewalt, in die Du ihn gezogen!"

Das Mädchen hatte sich wieder gefaßt. „Das thu' ich nicht und hab' ich nie gethan!" sagte sie ernst. „Markulf, Euer Sohn, dünkt mich ein wackerer Gesell, dem ich alles Gute gönne und wünsche — weiter haben wir nichts miteinander zu schaffen, unsere Wege führen nicht zusammen!"

„Wer der glatten Rede trauen dürfte!" entgegnete Chriembert, indem er sie forschend betrachtete. „Das ist es, Deines Stamme Erbtheil, womit Du zu verlocken weißt ... wenn es Dein Ernst ist, was Du sagst, so schwör' es mir zu in meine Hand ... Gelobe mir, daß Du ihn fürder nicht an Dich locken willst!"

„Ich thue, was ich für Recht halte und hab' es immer gethan, ..." sagte das Mädchen fest und entschieden. „Wollt' ich Euren Sohn an mich locken, es wär' ein Unrecht, — das unterlasse ich, auch ohne Gelöbniß und Schwur!"

„Du weigerst es?" rief Chriembert, plötzlich wieder in früherem Zorne aufbrausend, „Weil Du Dich nicht binden, weil Du ihn nicht lassen willst! Wohlan, so gelob' ich Dir hinwider bei Donar und seinem heiligen Hammer — ich will ihn von Dir los machen, gelte es, was es wolle! Ich will ihn eh' todt zu meinen Füßen sehen, als lebend in Deinen Armen! . . . "

„Auch Ihr mögt thun, was Euch recht bedünkt," sagte sie, „ich trotze nicht, aber ich fürchte Euch nicht . . . Ich bin eine Christin . . . hier ist mein Schutz . . . der Herr wird mit Placida sein . . ."

„Dein Schutz?" brüllte der Alte und seine Augen rollten und glühten im Abglanze jener besinnungslosen Wuth, die nach der Sage furchtbarem Bericht den Berserker fortgerissen zu grauenvoller That. „Also ist hier Dein Zauber verborgen? Das sollst Du mir nicht umsonst verrathen haben und so wahr dieß Zeichen unter meinen Händen fällt . . ."

Er hatte das Beil vom Gürtel gerissen und drang, es hoch über'm Haupte schwingend, auf das Kreuz ein. Placida erwiderte nichts; sie regte sich nicht — in ihrer ganzen Höhe aufgerichtet stand sie vor dem Stamm mit befehlendem Blick und gebieterisch ausgestreckter Hand. Von dem Gletscherhorn des Kaunsteins fiel rother Widerschein auf sie herüber, als wäre es ein Zauberlicht, womit eine höhere Macht sie umgab . . .

Geblendet ließ der Alte das Beil sinken und eilte davon.

Unter den Trümmern.

Herrlich verglühte der Abend des nächsten Tages über dem weiten, flachen Grunde, der von Gebirgen umrahmt, sich zwischen Sale und Salzach, den stürmischen Bergflüssen, erstreckt. Weites grünes Weideland wechselte mit braunen Moorstrichen, in denen Bäche blitzten und breite Wassertümpel schimmerten; zwischenhin zogen Gebüsche und Streifen dunkelgrünen Waldes — darüber im weitgeschlungenen Kranze trugen der breite Staufen, der hohe Göhl, der wundersame Untersberg und der eingebrochene Watzmann die einsamen Häupter stolz empor in den bläulich rothen Abendduft.

Wo die Salzach sausend zwischen zwei nahegerückten Hügeln sich hindurch drängt, stieg das rechte Gestade nach kurzer Ebene bald aufwärts, den Abhang hinan, in über einander aufsteigenden, bald schmäleren, bald breiteren Einschnitten und Abplattungen, deren Regelmäßigkeit allein schon hinreichte, ihre künstliche Entstehung zu bezeugen; es hätte hiezu der Trümmer verfallenen Mauerwerks nicht bedurft, welche, überall zerstreut, von einem reichen bewegten Leben Kunde gaben, das einst hier gehaust, aber vom Strome der

Zeit hinweggespült war, wie auf überschwemmtem Lande, aus
dem Steingeröll emporragend, hie und da nur noch ein
karger Strauch oder ein verkümmernder Baum von der Pracht
und dem Segen der Fluren erzählt, die einst unter dem
Werke der Verwüstung gegrünt. Der Boden war überall
mit üppigem Grase, mit Gesträpp und rankendem Gewächs
bedeckt, das an geborstenen, halb eingesunkenen Wänden, über
Säulentrümmern und Tragsteinen Halt genug fand, einzu-
wurzeln und aufzuklimmen. Wo es der Raum gestattete,
waren Tannen und Ulmen emporgewachsen, durch Stämme
und Kronen beweisend, daß mehr als ein Jahrhundert vorübergegangen, ohne daß eine Menschenhand ihrem Wachs-
thume gewehrt und ihnen den gewählten Standort streitig
gemacht hatte. Ganz oben vom Gipfel des Hügels schauten als
krönender Abschluß die Reste halbverfallener viereckiger Thürme
und riesenhafter Wehrmauern hernieder, als wäre es noch ihre
Pflicht, den Heerweg zu bewachen, der längs des Stromes
ahinzog, eine kümmerlich erhaltene, mühevoll steinige Bahn.

Am Wege stand ein einfaches ländliches Gehöft, umgeben
von einem Gehege starker oben zugespitzter Pfähle, unter sich
durch dichtgeschlossenes Weidengeflecht verbunden. Das Haus,
nur aus einem Erdgeschoße bestehend, war schlicht aber fest
aus behauenen Balken gezimmert und lehnte sich etwas zurück-
gestellt an den aufsteigenden Hügel; seitwärts standen kleinere
Gebäude, deren Eines der steinerne Unterbau so wie die
daraus aufsteigende Rauchsäule als Backofen bezeichnete, während aus dem offenen Dachgiebel eines andern Vorräthe von
Futter und Getreide hervorsahen und in ihm Scheune und
Stall erkennen ließen. Tauben saßen auf der Firstsäule,
Hühner pickten und scharrten am Boden umher, seitwärts
auf einem umgestürzten Architrav waren abgesägte und aus-

gehöhlte Baumstücke gereiht, die einfache Herberge summenden Bienenvolks, nnd gegenüber in einer durch aufgeschichtetes Brennholz gebildeten Lücke schlief, auf die mächtigen Pfoten gelauert, ein gelber zottiger Wolfshund. Der Raum vor dem Wohnhause war umgearbeitetes Land, in Felder und Beete getheilt, in denen Rüben und Kohlhäupter standen unter Salbei, Raute und anderem Gewächs, das in Haushalt und Küche Verwendung und Nutzen hat.

Zwei Frauen waren eifrig beschäftigt, ein Stück des Gartens frisch umzugraben, Unkraut auszuziehen und die Pflanzen von Raupen und anderem Ungeziefer zu befreien. Die Eine war eine starke sehnige Gestalt mit grauem Haar und verblühtem Angesicht, die Andere fein und von jugendlich anmuthigen Formen: Beide hatten Arme und Schultern unbedeckt, ein grobes Linnenhemd und ein Rock von dunkler Wolle mit rothem Endbesatz bildete die ganze schlichte Kleidung der Bäuerinnen.

Der alte Chriembert kam den Weg heran und blieb, als er die Frauen gewahrte, an der Umzäunung stehen. „Heda," rief er, die Arme auf die Pfähle gestützt, „laßt einen Augenblick die Schaufel rasten, Ihr Weiber, und sagt an, wo ich Eigel, den Barschalken finde, der weiland seßhaft gewesen draußen im Chiemgau?"

„Ihr seid am rechten Ort, Landsmann," sagte die Aeltere, „hier haust der Mann, den Ihr sucht — weiland Eigel geheißen, wie wir noch ungläubige Heiden waren — jetzt heißt er Florianus . . . Aber kommt nur herein, Mann: der Herr ist im Hause, und Du, Leutbirg, geh' und sieh' nach, ob Wolf fest an der Kette liegt, daß er den Fremden nicht zu Schanden 'reißt!"

Ein Mann, in ein Wamms aus rauh gegerbtem Leder
gekleidet, war während dieser Reden unter der Hausthüre
erschienen, eine gedrungene untersetzte Gestalt mit kurzem
Nacken und starkknochigen Armen, die er gähnend über dem
Kopfe reckte und streckte, wie Einer, der eben aus dem Schlafe
wach geworden — es war das Recht des Hausherrn, daß er
ruhte, wenn Alles thätig war, und daß er außer Krieg und
Jagd, oder allenfalls dem Schmiedehandwerk keine Arbeit ver-
richtete, oder höchstens draußen im Felde den Pflug führte
und die Saat bestellte. „Hoho," rief der Mann mit kräftiger, rauh klingender Stimme, indem er sich das dichte
schwarze Haar aus der Stirne strich, „das ist kein Fremder,
wie mir schwant! Die Stimme habe ich schon gehört, und
wenn ich nicht noch schlaftrunken bin, so ist das Chriembert
von der Schönau, mein alter Zehntgenoß und Waffenbru-
der!"

„Der ist es, Alter," entgegnete Chriembert eintretend,
„ich will Dein Gast sein auf ein paar Tage — ich hoffe,
Du hast die jungen Zeiten nicht vergessen, wo wir unter
Einer Decke am Wachtfeuer lagen und uns Blut-Runen in
die Arme schnitten auf ewige Freundschaft; ich komme zu
dem alten Eigel, den Neuen mit dem wunderlichen Namen
kenn' ich nicht!"

„Tritt herein," sagte Eigel, indem er ihm einige Schritte
entgegentrat, „thu' meinem Hause die Ehre an . . . beim
Donner . . . bei meinem Namenpatron will ich sagen, . . .
es ist noch kein besserer Gast über seine Schwelle gegangen!
Welch' Abenteuer hat Dich zu mir verschlagen? Komm herein
— Ihr Weiber aber rüstet ein tüchtig Lager und sorgt für
Imbiß und Willkommtrunk . . ."

„Du kannst es errathen, Blutbruder," erwiderte Chriem-

bert und trat mit Eigel in's Haus. „Ist nicht Herzog Diet
von Bajoarien, weiland unser Anführer und Feldhauptmann
auf seiner Rückreise aus dem Lande der Walchen nach Piding
gekommen?“

„Freilich wohl,“ sagte Eigel lachend, „aber nicht nach
Piding — den Namen gibt es nicht mehr: seit der Herzog
den frommen Bischof Chrobbert vom Rhein gerufen und ihm
die alte römische Trümmerstadt geschenkt hat, damit er sie
und das Land und uns Alle zu guten Christen mache, seitdem ist sie die Salzburg geheißen . . .“

„Mag sein!“ brummte Chriembert. „Kann mir das
Alles nicht mehr merken! Da droben, auf dem Imberg,
steht noch der heilige Hain des Pid, des Kriegsgottes, zu
dem wir einst gebetet haben . . . weißt Du es noch, Eigel?
Ich wenigstens kann es nicht vergessen, und habe immer die
alten Namen und Dinge im Kopf! D'rum will ich auch den
Herzog einmal wieder sehen und ihm ein Gastgeschenk
bringen . . . Sieh' her,“ fuhr er fort, indem er ein
längliches Fäßchen vom Rücken nahm, „ein weiblich Gericht
von Salmlingen aus dem Wildsee, frisch gefangen und so
schön, wie selten! — Es ist ein lecker' Essen und ich weiß,
daß es dem Herrn vor Zeiten besonders wohl gemundet hat!
Die Fische soll er haben und Du mußt mich zu ihm führen!“

„Soll geschehen,“ war Eigel's Antwort, „wirst Dich
aber bis spät in den Abend gedulden müssen, der Herzog mit
seinen Falknern ist in's Ried hinausgeritten zur Reiherbeize...
Hoho,“ unterbrach er sich, durch niedrige Fenster hinaus-
rufend, „Ragnhild . . . Leutbirg . . . hört Ihr nicht, Ihr
Weiber? Nehmt das Fäßlein da — 'sind seltene Fische
drinnen . . . bindet's an ein Seil und laßt es hinab in den
Ziehbrunnen, daß sie frisch und munter bleiben!“

Die Wohnstube des Eigelhofs bot nicht viel der Ge-
mächlichkeit, noch der Zier. Die Wände oder das Gebält
waren theilweise von den Jahren angedunkelt, theilweise vom
Rauch geschwärzt, dem gestattet war von der Feuerstätte in
der Ecke, die zugleich als Ofen und als Küche dienen mußte,
nach allen Seiten hinzuziehen. Ein langer ungeschlachter Tisch
mit Querfüßen war von einer Reihe von Bänken und
Stühlen aus nicht minder kunstlosem Gefüge umgeben
— an den Wänden auf einfachen Holzgesimsen standen
einige Krüge und Schüsseln, darüber war die Ausrüstung
des Mannes für Jagd und Krieg, Schild und Eisenhaube,
Spieß und Schwert, Kolben und Streitart sammt Halsberge
und Kettenhemde aufgehangen. In der Ecke hing ein schlichtes
Kreuzbild, zum Zeichen, daß das Haus ein christliches sei
und befremdlich genug waren an dem Gebält über'm Herd
allerlei Runen und Zeichen mit Kohle angeschrieben, die,
wie das geschlossene Fünfeck, damit nicht wohl zusammen-
stimmten. Eine Thüre seitwärts führte in's Schlafgemach,
eine andere über einige Stufen hinab in ein unterirdisches
kellerartiges Gelaß, wo Rocken und Webstuhl erkennen ließen,
daß es die eigentliche Werkstätte des Fleißes der weiblichen
Hausgenossinnen sei. Ein etwas erhöhter, mit schwarzem
Bärenfell belegter Sitz am Ende der Tafel bezeichnete den
Ehrenplatz des Herrn und Hausvaters.

„Nimm den Hochsitz ein," sagte Eigel zu Chriembert,
„dem Gast gebührt die Ehre!" Dieser gehorchte, der Wirth
lagerte sich ihm zur Seite und bald trat die Hausfrau ein,
eine blendend weiß gescheuerte Platte aus Lindenholz in den
Händen, worauf eine kalte gebratene Schweinskeule lag, zum
Theile bereits in bequeme Stücke zerlegt, die gleich mit den
Fingern ergriffen und genossen werden konnten. Der Wirth

des Hauses nahm einen Biſſen, tauchte ihn in das auf dem
Tiſche ſtehende Salzfaß und reichte ihn dem Gaſt, indem
er zugleich das breite Schnitzmeſſer vom Gürtel nahm und
mit Gewalt in die Tiſchplatte ſtieß, zum Zeichen, daß der
Gaſt nun im Schutze des Hauſes und ſeines Herrn ſtehe.

Unmittelbar hinter der Hausfrau erſchien die Tochter,
ſchnell in ein reines helles Obergewand gekleidet, raſch von
Staub und Schweiß der Gartenarbeit gereinigt, mit lichten
Armen und klarem Angeſicht. Sie trug ein mächtiges Stierhorn, am Rande mit blankem Silber beſchlagen, wohl erkenn-
bar als ein Werthſtück und Ehrenbeſitz des Hauſes, der nur
bei beſonderem Anlaß hervorgeholt wurde. Es war Pflicht
und Auszeichnung der Frauen, zumal der Töchter, den Ehren-
becher zu credenzen, und bei Mahl und Gelag als anmuthige
Schenkinnen zu dienen: ihnen lag es ob, das Trinkhorn mit
angemeſſenem Spruch und Reim zu begleiten.

Leutbirg trat zu dem Gaſte, reichte ihm das Horn
mit ſittig niedergeſchlagenem Blick und ſagte:

„Die Schwalb’ und ein Gaſt bringt Glück in’s Haus.
„D’rum thut Beſcheid und trinket daraus!“

„Trink’, alter Zehntgenoß,“ rief Eigel, „und laß’ es
Dir munden! Das iſt rother Wein vom Schloß Teriol, den
ich unlängſt ſelber mit heimgebracht von einer Saumfahrt
über den Tauern — es iſt ein edel Getränk. Habe auch
die Rebe mitgebracht und habe ſie angepflanzt zum Verſuch,
ob die Sonne von Salzburg kräftig genug ſei, ſo köſtlichen
Moſt gar zu kochen!“

Der Gaſt hatte ſich erhoben; er hielt das Trinkhorn
hoch empor und neigte es über, daß einige Tropfen auf den
gedielten Boden niederträufelten. Er ſprach:

„Donar sei der erste Trunk geweiht —
„Auf's Glück des Hauses trink' ich Bescheid!"

Dann setzte er das Horn an den Mund, leerte es reichlich in Einem kräftigen Zug zur Hälfte und gab es dem
Hausherrn hinüber, der es vollends ausschlürfte, dann auf
die Hand umstürzte, daß der letzte Tropfen auf dem Nagel
des Daumens sitzen blieb. Rasch hatte die Tochter das Horn
wieder gefüllt und es auf dem Gestell befestigt, das, aus
den Ständern und Fängen eines Adlers geformt, zu solchem
Dienst auf der Tafel bereit stand. Dann zogen die Frauen
sich zurück und bald wurden die Laute ihrer Thätigkeit
draußen im Garten wieder hörbar, während die Männer
sich in's Gespräch vertieften, der gemeinsam verlebten Jugend
gedenkend, in der Erinnerung noch einmal sich erfreuend an
den in Waid- und Kriegs-Werk überstandenen Fährlichkeiten
und Abenteuern. Sie erzählten einander, wie sie seither gelebt und gewirthschaftet; Chriembert rühmte das Töchterlein
des Wirths und sein anmuthig Gebahren und meinte, der
Eidam, der sie ihm entführe, werde nicht lange auf sich warten lassen, Eigel dagegen fragte nach des Gastes Sohn und
erfuhr, wie er vom Vater zurückgelassen worden, zu Wach'
und Wehr für das einsame Gehöft in der noch einsameren
Schönau.

Zuruf von außen unterbrach das Gespräch; die Frauen
hatten inzwischen wieder fort gegraben und die Tochter kam
rufend an's Fenster, sie hätten beim Graben einen seltsamen
Fund gemacht, der Vater solle heraus kommen mit dem Gast,
es sei noch eben hell genug, das sonderbare Gebild zu beschauen.

Die Männer folgten und betrachteten verwundert das
Gefundene — das Bruchstück einer erzenen Figur, dicht mit

Moder und Grünspan bedeckt, Oberkörper und Kopf eines schönen Jünglings vorstellend, welch' Letztern eine hutartige Mütze bedeckte, mit einem Flügelpaar geschmückt. Während das Erzstück von Hand zu Hand wanderte, von manchem Ausruf des Staunens, mancher Frage nach dessen Bedeutung begleitet, tönte feierlich frommer Gesang durch die stärker einbrechende Dämmerung.

„Was bedeutet das?" rief Chriembert verwundert und horchend.

„Das sind die Mönche mit den Knaben," sagte Eigel, „sie haben drüben über der Salzach die Zellen, die im Felsen eingehauen und ausgehöhlt sind, bezogen und den Grundstein gelegt zu einer neuen Kirche. Da wohnen sie nun und haben ein Häuflein Knaben um sich gesammelt, die sie erziehen und unterrichten . . . Vermuthlich ist einer von den Vätern mit den Knaben lustwandeln gegangen. Sie pflegen das öfter so zu halten, und mögen sich heut verspätet haben, den ungewöhnlich schönen Abend zu genießen — ist es doch fast schon dunkel und unter den Sternen ist der Heerwagen schon hoch herauf gerückt, schier über die Firstsäule meines Hauses . . ."

Während der Rede waren die Knaben schon herangekommen, alle in lange dunkle, mönchartige Gewänder gehüllt, aus denen die runden vollen Kinderköpfe anmuthig heraussahen; sie schritten munter einher und wie ein Lustgesang in den sich die Freude der jungen Gemüther ergoß, tönte das feierlich getragene Kyrie von ihren Lippen. Ein Mönch in schwarzer Kutte war ihnen als Führer und Begleiter zur Seite.

„Was ist das?" fragte Chriembert flüsternd. „Sie sind geschoren — sind es hörige Knaben?"

„Nicht doch," entgegnete Eigel ebenso, „es sind die

Söhne der freiesten und besten Männer darunter — es
drängen sich gar Viele zu der Aufnahme: aber sie sollen einmal christliche Priester und Sendboten werden und darum
tragen sie jetzt schon Haar und Gewand wie diese . . ."

Kopfschüttelnd hörte der Alte zu und gewahrte, wie die
ganze Familie beim Herankommen des Mönches näher an
die Umzäunung trat und wie der freie Mann und Barschalk, einst sein Blutbruder und Kampfgenoß Kopf und Nacken
vor demselben beugte, während die Frauen kniend die gefalteten Hände in demüthiger Verehrung empor hoben.

Der Mönch blieb steh'n und überblickte die Gruppe: er
mochte mit Verwunderung des alten Jägers gewahr werden,
der allein unachtsam und aufrecht stand. Es war ein schlanker
hochgewachsener Mann, mit röthlichem Vollbart, frisch ge-
färbtem Angesicht und klugen feurigen Augen. „Der Herr
segne Euch," sagte er mit fremdklingender Betonung, welche
wie die Farbe seines Haares an die irische Heimat mahnte,
der er entstammte, „er schütze Euch diese Nacht und gebe nicht
zu, daß der Engel des Verderbens Euch schade. Amen! . . .
Ihr seid noch so spät fleißig gewesen," fuhr er dann in
freundlich ermunterndem Tone fort, „und wie es scheint, zur
guten Stunde, denn Ihr habt wohl einen seltenen Fund
gemacht?"

Er deutete auf die Erzfigur, welche Eigel noch in den
Händen gehalten hatte und ihm nun überreichte.

„Siehe da — ein Ueberbleibsel aus der zerstörten Römerstadt, unter deren Trümmern wir stehen! Vermuthlich war
es ein römischer Kaufmann, der sich hier Villa und Garten
gegründet hatte, sich des erhandelten Reichthums zu erfreuen
und die Tage seines Lebens zu vergeuden in flüchtiger Welt-
lust! Dieses Gebilde ist trotz der Zertrümmerung unschwer

an dem geflügelten Hute zu erkennen: es ist Merkurius, welchen die Heiden in ihrer Verblendung als den Gott des Handels verehrten! ... Es ist kunstvolle Arbeit, und auch ohne dieß wohl werth, daß Ihr dem Bilde ein Plätzlein gebt in einer Ecke des Hofs ... es soll Euch ein Denkzeichen sein, eine stete Mahnung an die Vergänglichkeit! Sehet an dieß Gebilde — es ist zertrümmert, ist vergangen! Wo ist der Bildner, der es geschaffen? Wo sind die Menschen, wo ist die ganze Welt, für die er es geschaffen? Dahin! Vergangen! Verweht wie der Wind, der über die Erde fährt und ist seine Spur nicht zu finden! Und so vergeht Alles, was irdisch ist! So werden verschwinden und vergangen sein alle Bilder und Zeichen bis auf das Eine, das allsiegende Kreuz unseres Heilands und Herrn! — Und wohl dem," fuhr er fort, das Auge fester auf Chriembert gerichtet, der noch trotziger und starrer da stand, als wolle er zeigen, daß es ihm nicht in den Sinn komme, den freien Nacken zu beugen, "wohl ihm, der sich willig unter dasselbe schmiegt und freudig, denn er wird inne werden, daß das Joch süß ist und die Bürde leicht — wer ihm aber zu widerstreben vermeint, dem wird der Herr den Sinn brechen, denn er hat die Gewalt dazu und die aus den Wolken weithin über den Erdball reichende Hand! Sprich, Jukunde, mein Sohn," redete er den ihm zunächst stehenden Knaben an, "sage, wessen Angedenken wir heute feiern im Kreise der christlichen Gemeinschaft?"

„Das Andenken von Sanct Bartholomäus, dem Sendboten und Blutzeugen," erwiderte der Knabe.

„Und Sanct Bartholomäus," fuhr der Mönch in steigender Betonung fort, „hatte sich auch vom Herrn abgewendet in dem Hochmuth seines Herzens! — Er war es, der

im Stolze gesprochen: „Was kann wohl des Guten kommen
von Nazareth?!" Aber es kam über ihn die Stunde, wo
ihm die eigene innere Kraft zerbrach, wie Schilf, auf das
er sich gestützt, und wo er es bekennen mußte, daß der
Mensch keinen dauernden Stab und kein anderes Heil hat,
als den Herrn! Und der erst getrotzt, ward der geschmeidigste
Diener des Herrn und der ihn geläugnet, bekannte ihn unter
den Qualen des Todes und unter den Messern seiner Peiniger
und Henker, die ihn schunden, rief er mit Frohlocken zu
ihm . . ."

Plötzlich hielt der Eifernde mitten im Fluß der Rede
ein und lauschte — von der Höhe des Hügels herab tönte
es wie Saitenspiel, Flötenklingen und fröhlicher Gesang,
befremdlich stimmend zu der feierlichen Ruhe der Nacht und
den ernsten Worten des Predigers. Die Töne zogen von
den Trümmern des Castells herab und schienen den schlän-
gelnden Bergweg entlang immer näher zu kommen: ehe der
Pater, dessen Blicke sich unwillig und strafend in der Richtung
der Töne erhoben, die Frage ausgesprochen, trat Eigel er-
klärend und wie entschuldigend vor und sagte: „Das sind die
longobardischen Edelinge, würdiger Vater, welche Herzog Diet
und seinen Söhnen das Geleit gegeben, heraus aus dem
Walchenland! Sie haben ein Gelage gehalten droben in
der alten Burg und mögen jetzt abziehen, weil sie wahr-
scheinlich von der Höhe aus den Jagdzug des heimkehrenden
Herzogs gewahr geworden . . ."

Der Mönch erwiderte nichts; seinen Zöglingen winkend,
eilte er raschen Schrittes stromaufwärts, wo starke Bäume
als Pfeiler in das Bette der Salzach eingerammt waren,
und ein schwankendes Ballenlager als Brücke trugen, unter
welcher der Fluß, wie des Zwangs unwillig, dahin schoß.

Sie waren kaum im Dunkel des jenseitigen Ufers verschwunden, als der fröhliche Zug bereits, von Fackeln be-
schienen, auf den Terassen zwischen den Trümmern und Büschen
der römischen Siedelungen sichtbar wurde — laut und in
ungebändigter Lebenslust: es hatte den Anschein, als wäre
ein Theil der Bewohner der alten fröhlichen Römer-Colonie
aus Gruft und Asche zurückgekommen, noch einmal eine
bacchische Nacht zu feiern, wie sie einst so oft das nächtlich
schlafende Echo der Berge geweckt. Die Gesellschaft im
Vorgarten des Eigelhofs trat vom Gehege etwas zurück: die
Nacht und der noch dichtere Schatten einer Lindenkrone, die
sich in der Ecke erhob und ausbreitete, ließ sie die Vor-
überziehenden beobachten, ohne selbst erblickt zu werden.

Dem Zuge voran schritten einige halbnackte Gesellen mit
Cymbeln und Handpauken, die sie, in ausgelassenen Sprüngen
einher tanzend, schüttelten, schwangen und schlugen; Musiker
folgten, mit Kränzen von Eichenlaub im Haar, auf Flöten
oder zweitheiligen Zinken blasend, oder in den Saiten weit-
gebauchter Lauten spielend, während eine Schaar Sänger, mit
Rosen und kostbaren Blumen bekränzt, ein übermüthiges
Weinlied sangen, des Inhalts, daß die alten fröhlichen Götter
die Erde verlassend in den Olymp zurückgekehrt seien, und
daß nur zwei derselben bei den Menschen, ihren verwaisten
Lieblingen zurückgeblieben, die Herrin der Liebe und der Gott
des Weins.

Ein Jüngling, dem beginnenden Mannesalter nahe, eine
hohe Gestalt mit schönem, von sinnigem Ernst überflogenen
Angesicht schritt hinterher, im Mantel und Leibrock der Bajoaren, auf der Brust ein gesticktes Schildlein von weiß und
blauen Rauten, das die fürstliche Abstammung erkennen ließ.
Es war Grimwalt, Herzog Theodos ältester Sohn. Die nach

3*

ihm kommenden Jünglinge und Männer waren alle in weiße
Gewänder gekleidet, weit bis über die Knie herabfallend und
mit breitem Purpursaum besetzt; weite weiße Beinkleider mit
bunten Streifen umwickelt, reichten bis zu den Knöcheln
herab, während im Gürtel ein reich mit Steinen besetzter
Dolch blitzte und ein kurzes breites Schwert an zierlichem
Kettlein davon niederhing. Es waren hohe wohlgebaute
Gestalten mit kühnen Köpfen und rothwangigen Gesichtern
voll lachenden Uebermuths, blauen Augen und rothen Haaren
und Bärten. Das Haar war ihnen am Hinterhaupte ganz
kurz geschoren, während es von Stirne und Schläfen in langen,
langen Locken und Strähnen bis auf den Bart und mit
diesem bis auf Brust und Lenden herabfiel — ein glänzender
Reif hielt es an der Stirne zusammen, daß es nicht in
wirrer Unordnung durcheinander fiel.

„Das sind die Fremden, die Langbärte,“ flüsterte Eigel
seinem Gaste zu. „Der Lachende dort mit dem wie ein
Stern funkelnden Stirnband ist Prinz Ansbrand, ihr künf-
tiger König, dem Herzog Diet zu Thron und Kron verholfen
gegen seinen widerspenstigen Ohm . . ., der männliche Recke
hinter ihm ist Aistulf, sein Schwertträger und Bannerführer
und der hübsche blasse Jüngling, den er am Arme führt, ist
Dietwalt, unseres Herzogs jüngster Sohn . . ., der ist
weniger besonnen und ernst, wie sein voranschreitender Bruder
und es will verlauten, als sei er zu lang verweilt an dem
ausgelassenen Longobarden-Hofe zu Pavia . . . Aber komm
jetzt hinein in's Haus, Freund Chriembert: es wird Zeit
sein, uns auf den Weg zu machen, wenn Du Dein Gastgeschenk heut' noch übergeben willst . . .“

Sie gingen, die Thüre des Gehöftes schloß sich; bald
darauf traten die Männer an der Rückseite wieder heraus

und schritten zwischen den Trümmern einen etwas beschwerlichen aber kürzeren Pfad an der Anhöhe dahin und der Brücke zu.

Als der Zug der Longobarden an dem Gehöfte vorüber war, hielt Prinz Dietwalt seinen Gefährten, den wälschen Fürsten unmerklich am Arme zurück und flüsterte ihm ein paar Worte in's Ohr. Lachend ließ dieser seinen Arm los und schritt mit allen Uebrigen voran: Niemand ward es gewahr, daß Dietwalt mit einem Begleiter allein zurückblieb. Als Musik und Fackelschein über der Brücke verklungen und erloschen waren, trat der Prinz aus dem Weggebüsche, hinter dem er sich verborgen hatte, hervor und näherte sich dem Gehege. Er glaubte allein zu sein: es hätte auch ein scharfes nachtgewohntes Auge dazu gehört, in der Finsterniß ein paar Gestalten zu unterscheiden, welche ihn offenbar beobachteten und wie an seine Sohlen geheftet, stille standen, sobald er anhielt, und ihm folgten, wie er weiter schritt.

„Geh' zur Seite," raunte der Prinz seinem Begleiter zu, „aber bleib' in der Nähe und harre meines Rufs . . . als wir heut Morgen an diesem Hofe vorbeizogen, habe ich ein schönes Dirnlein gewahrt, ich will versuchen, ob ich nicht vermag, sie herauszulocken . . ."

„Ich kenne sie," — lachte der Knecht, „es ist Leutbirg, des Barschalten Florianus Töchterlein — ein holdselig Kind, schlank und helläugig wie ein Falke!"

„Und ebenso scheu!" entgegnete Dietwalt. „Ich rief und lachte ihr zu, aber sie huschte in's Haus, wie ein aufgeschreckter Vogel! Das gefällt mir eben, laß sehen, ob sie nicht kirre zu machen ist — es sind schon wildere gezähmt worden, sollt' ich meinen . . ."

Er versuchte, das Thor im Gehege zu öffnen; es wich

nicht und über seinem Rütteln begann der wachende Wolfshund zu knurren.

„Ihr werdet Lärmen machen," flüsterte der Knecht.

„Das schadet nicht," entgegnete Dietwalt, „vielleicht
meldet sie sich doch, um nach dem Störenfried zu sehen:
mehr will ich für's Erste nicht erreichen . . ."

Inzwischen war die Eine der spähenden Gestalten un-
bemerkt völlig herangekommen: wie der Prinz wieder an das
Gehege faßte, legte sich ihm eine Hand auf die Schulter.
Erschrocken prallte er zurück, die Hand am Schwertknauf,
zur Abwehr eines Angriffes bereit.

„Was ist hier?" rief er. „Wer verlegt mir den
Weg? . . . Ein Weib?" fuhr er dann, wieder näher tretend
fort, nachdem er die vor ihm stehende Gestalt schärfer in's
Auge gefaßt. „Wer seid Ihr?"

„Ja — ein Weib . . ." erwiderte eine tief und voll
tönende, aber vor leidenschaftlicher Erregung bebende Stimme
„Kennt Prinz Dietwalt dieses Weib nicht mehr? Muß es
ihm seinen Namen nennen?"

„Amalaswinth . . ." stammelte betroffen der Prinz,
während die Gestalt den dunklen Mantel, der sie umhüllt
hatte, vollends fallen ließ — über dem weißen longobardischen
Unterkleide ward ein eng anliegendes Gewand von dunkelrother
Farbe sichtbar, am Saume und rings an Hals und Aermeln
mit weißem Schwanenflaum besetzt. Rothblonde Locken
ringelten um eine finster gefaltene marmorweiße Stirn, die
Augen flackerten blau und unheimlich wie Irrlichter.

„Ich bin's," sagte sie bebend. „Hast Du meinen
Namen doch nicht vergessen, wie Deine Eide? Dachtest Du
mir heimlich zu entschlüpfen? Dachtest Du, ich würde Dich
ziehen lassen? War ich Dir nicht einmal der letzten Rede

mehr werth, daß Du vor mich hingetreten wärst, mir Stirn gegen Stirn zu sagen ... fahr' wohl, Amalaswinth ... ich bin Deiner überdrüssig?"

"Was suchst Du hier?" erwiderte, sich rasch ermannend, der Prinz. "Ich wollte Dir und mir den unvermeidlichen Abschied ersparen..."

"So?" höhnte sie grimmig. "Wolltest Du das? Und warum war der Abschied unvermeidlich, Du zärtlich vorsorgendes Gemüth? Sag' mir Deine Gründe, Mann, wenn Du nicht willst, daß ich unter die Mannen Deines Vaters trete, und ihnen die Mähre verkünde von Dietwalt, dem Bajoaren-Prinzen, der ein Verräther war und zehnfachen Meineid schwur!"

"Wahnsinnige!" entgegnete Dietwalt noch kälter. "Mäßige diese Wuth! Sie ist es, die mein Herz von Dir abgewendet ... ich will nicht wie Jener in der alten Heidenfabel an einen Fels geschmiedet sein und dem nimmer satten Geier Deiner Leidenschaft stündlich die Brust zum Zerfleischen bieten! Deine fürchterliche Wildheit ... "

"Fürchtest Du mich schon?" rief sie auflachend. "Zu frühe, mein feiner Prinz, zu früh' ... erst lerne mich kennen und dann beginne, und laß' in Deinem schuldbewußten Gemüth Grauen vor mir erwachen! Wisse denn, Dietwalt, wenn Du es noch nicht gewußt, — da wo die Sonne den glühenden Wein reift, sind auch die Herzen der Frauen lautere Glut ... wir können nur lieben oder hassen! Noch — noch lieb' ich Dich! Hüte Dich, daß die Liebe nicht vollends erlischt und über ihrer Asche der Haß frei und fessellos auflodert ..."

Der Prinz machte eine Bewegung, sich zu entfernen; sie griff nach seiner Hand und hielt ihn gefaßt.

„Zu wild bin ich Dir?" fuhr sie grimmig fort. „Meine
Leidenschaft tadelst Du — Elender, die Leidenschaft für Dich?
Was suchst Du Dich hinter Ausflüchten zu verbergen? Falscher
— tückischer Deutscher, Du bist zu feig, Dein wahres
Gesicht zu zeigen, Deine wahre Gesinnung vor Dir selber
zu bekennen! So will ich es für Dich thun! Table Dich
selbst und Deinen Wankelmuth! Dein flatterhaftes Herz weiß
nicht, was Liebe ist — im Sinnenrausche taumelt es von
einer Blume zur andern ... nicht wegen meines Ungestüms
rhast Du mich verlassen, nein, wegen Deines eigenen Unbe-
standes! Nur der Augenblick ist es, der Dich fesselt —
was bannte sonst Deinen Fuß in nächtlicher Weile an diese
Stelle? — Aber noch bin ich bereit, Alles zu vergessen!
Unter dem Vorwande einer Wallfahrt bin ich, von wenigen
Dienern geleitet, den Meinen entflohen — ich bin Dir nach-
gereist und habe Deine Spur bis hieher verfolgt, Dir das
zu sagen! Gedenke Deiner Schwüre, Dietwalt, und kehre
zu mir zurück! Ich liebe Dich noch — sei wieder mein,
tilge die Schmach, die Du auf mich gehäuft — ich bin
von edlem Stamme, das Bündniß mit mir entehrt Dich
nicht ... O kehre zurück! — Laß mich wieder Dein sein:
mache, daß ich Dir verzeihen, daß ich die finsteren entsetzlichen Gedanken verscheuchen kann, die meinen Sinn umfloren,
wie ein furchtbar heraufsteigendes Ungewitter ... verschmähe,
verstoße dieß Herz nicht von Dir, und ich will es bändigen,
minder heiß zu schlagen: ich will es zwingen, bis es die
Sanftmuth einer Taube gelernt ..."

Ferne Männerstimmen wurden hörbar und unter-
brachen sie.

„Man kommt ..." rief Dietwalts Diener herbei-
stürzend. „Wenn Ihr nicht gesehen sein wollt, mein Prinz ..."

„Hinweg," rief dieser und schleuderte Amalaswinthens Arm von sich, „wir haben nichts mehr miteinander gemein auf Erden . . ."

„Ist das Deine Antwort?" rief sie keuchend vor Ingrimm, während Dietwalt enteilte und im Dunkel verschwand; mit unsicherer zitternder Hand tastete sie am Gürtel herum, als suche sie den dort steckenden Dolch, um mit ihm dem Entflohenen nachzustürzen — dann besann sie sich und stand einen Augenblick schweigend, hochaufgerichtet, die geballte Rechte wie zu Schwur und Drohung erhoben.

„Geh' hin," murmelte sie, sich in ihr Gewand hüllend, „meine Antwort auf diese Stunde werd' ich Dir nicht schuldig bleiben!" —

Ueber den Fluß her verkündigte das Blasen der Jagdhörner, daß der Bajoaren-Herzog Theodo vom Waidwerk zurückgekehrt sei, und daß Mahl und Herberge für ihn gerüstet werde.

Der weite viereckige Platz, einst das Forum der Römerstadt, ließ vielfach gewahren, daß ordnende Hände bereits emsig begonnen hatten, ihn von den Trümmern zu befreien und zum Mittelpunkt eines neuen Lebens und Verkehrs zu machen — dennoch aber waren überall hin noch genug Spuren der Zerstörung und jahrhundertlanger Veröbung zu erblicken. Noch lagen rings die Bruchstücke eingestürzter Giebelfelder, zerbrochene Säulen, zerschlagene Capitäle umher, von Strauch und Baum überwachsen und getrennt, und manche Wand, aus dem röthlichen Gestein des nahen Untersbergs gefügt, war, mürbe gemacht von Zeit und Wetter, in langen Rissen geborsten und neigte sich dem baldigen Falle entgegen. Im Mittelgrunde des Platzes führten die zerbröckelnden Stufen einer breiten Marmortreppe

in eine ebenfalls ruinenhafte Vorhalle hinauf, deren Säulen
meist abgebrochen umher lagen, zum Theil aber noch in
alter unversehrter Schönheit emporstiegen, geschützt durch das
Steingebälk der Gesimse und Architraven, das sie zugleich
überdachte und zusammen hielt. Aus dem Portikus führte
die Hauptpforte des einstigen Tempels in einen großen vier-
eckigen, noch vollkommen wohl erhaltenen Raum, der eben
deßwegen, durch aufgestellte Feuerpfannen erhellt, einen
wohlthuenden und in Mitte der allgemeinen Zerstörung selbst
anmuthigen Anblick gewährte. Irgend ein Zufall mochte die
Decke vor dem Einsturze bewahrt haben und so hatte es
nicht vieler Mühe bedurft, den Raum zu reinigen und
zum Tafelsaal des Herzogs einzurichten. Die Wände, aus
künstlichem grünen Stein getäfelt, waren mit breiten Säumen
und Streifen von wechselnder Farbe eingefaßt: in der Mitte
waren Bilder angebracht, kunstvoll aus bunten Steinchen zu-
sammengesetzt, die Arbeiten des Herkules aus der altrömischen
Götterlehre darstellend: der Bilderschmuck zeigte, daß dieß einst
die Cella, das innerste Heiligthum des Tempels gewesen, und
daß dieser dem genannten Gotte gewidmet war. Ein halb
umgestürztes Fußgestell bezeichnete noch den Ort, wo einst
dessen Bildsäule gestanden; sie selber lag unbeachtet in der
Ecke, in Trümmern, zu denen sie im Sturze sich selbst zerschmettert und auch weit um sich her die zierlichen Linien
und Zeichnungen des eingelegten bunten Steinbodens vernichtet hatte.

Unweit davon stand jetzt eine lange Tafel gerüstet, mit
manch' kostbarem und zierlichem Speise- und Trink-Geräthe
bestellt, umgeben von Stühlen, Armsesseln und Sitzbänken,
deren verschiedene Formen verriethen, daß das Bedürfniß des
Abends sie von verschiedenen Orten zusammengeholt hatte.

Der Saal war schon ansehnlich gefüllt; die Begleiter und Jagdgefährten des Herzogs, die bajoarischen Vornehmen, die Langobarden-Edelinge standen und schritten plaudernd hin und her, während in der Ecke die wälschen Tonkünstler sich zurecht richteten, mit ihrer Kunst das Mahl zu würzen und den Sinn der Gäste zu erheitern. Verwundert standen die einheimischen Bläser, die sonst mit ihren Hift- und Harst-Hörnern das Vergnügen der Tafelmusik zu besorgen hatten, zur Seite, nicht ohne mißgünstige Geringschätzung die zierlichen Instrumente und deren noch zierlichere Meister betrachtend. Am Eingang, wo einige stämmige Bajoaren mit Bickelhaube und Halsberg, Schild und Spieß, Wache hielten, standen die Jagdknechte und Fallner beisammen, diese noch mit ihren verkappten Thieren auf der Schulter, jene die Jagdbeute ordnend, die in buntem Gewirr hinter ihnen lag: bereit, sie zu zeigen und das Lob der Vögel und Hunde zu empfangen, wenn es dem einen oder andern Gaste gefiel, stehen bleibend, dies reiche Erträgniß der Jagd oder die waidgerechte Art zu rühmen, wie hier ein Reiher gerade recht am Halse gefaßt oder dort ein Füchslein mit sicherem Bolzen mitten in's Auge getroffen war. Unter ihnen standen auch einige Pfannenmeister und Salzsieder, die zur Begrüßung des Landesherrn und zum Empfang seiner Befehle aus den Vorbergen hereingekommen waren, wo in der Ebene vor dem Staufen die reichen Salzquellen aus dem Gestein brachen und der neuen Ansiedelung den Namen gaben.

Herzog Theodo selbst hatte am obern Ende des Saales auf einem Ruhebette Platz genommen, Pläne und Urkunden prüfend, die neben ihm ausgebreitet lagen. Er war ein Greis mit fast ganz kahlem Haupt und vollständig zu Silber gewordenen Barte, der bis zum Gürtel weich und wellig

herniederhing; Wangen und Antlitz waren frisch und rosig,
wie die eines Jünglings; Haltung, Wort und Geberde
aber lebhaft und markig gleich der eines rüstigen Mannes.
Er mochte wohl bedacht haben, daß das Ziel seiner irdischen
Laufbahn nicht mehr allzu ferne sein konnte: darum war
es seinem Gemüthe ein frommes Bedürfen gewesen, nach Rom
zu pilgern und am Grabe des heiligen Sendboten Petrus
seiner Andacht zu genügen. Von dieser Romfahrt war er
eben zurückgekehrt und erzählte davon den vor ihm stehenden
und ehrerbietig lauschenden Mönchen, deren ernste Mienen
ebenso wie ihre dunklen Gewänder sich feierlich abhoben von
der bunten Farbenpracht der sie umgebenden lebensvollen
Fröhlichkeit. Er erzählte, wie er die alte herrliche, allgemach aus dem Verfall wieder erstehende Capitolstadt durch-
wandert und geschaut; wie er Bischof Gregorius begrüßt,
der auf dem päpstlichen Stuhle sitzend, Rom eine zweite
Weltherrschaft vorbereitete und schuf. Dann wandte er sich
wieder zu den Zeichnungen und Entwürfen zurück und sprach
seine Freude aus, wie rasch die neue Stadt aus den Ruinen
der römischen Juvavia sich erhebe. Er ermunterte und lobte
die Mönche und beklagte, daß Chrobbert, ihr Vorsteher und
Bischof eben abwesend und an den Rhein gereist sei, neue
Arbeiter zu rufen zu dem schweren, aber so herrlichen Werke.
„Saget ihm, würdige Väter," schloß der Herzog, „daß es
mir sehr leid thut, daß ich von hinnen muß, ohne seinen
Segen empfangen zu haben — mahnet ihn, meiner im
Gebete zu denken, wenn mein Stünblein geschlagen haben
wird, und gebt ihm dieß Pergament, das ich ausgefertigt mit
meinem herzoglichen Namen und unter Zeugschaft meiner
Edelsten als Urkunde, daß ich seinem Kloster und der Kirche,
die Ihr erbauen werdet zu Sankt Peters Ehren, die alte

Römerstadt Jubavia als Schankung verliehen habe, sammt der Veste und zwei Meilen weit von jedem Ufer der Salzach an, bis zu der großen Hagbuche, die mittagwärts im freien Felde steht ...“

Dankend schieden die Mönche; am Eingange waren laute Stimmen, wie im Streite begriffen, vernehmlich geworden. Fragend näherte sich der Herzog; da drängte der alte Chriembert, ihn gewahrend, die Krieger bei Seite, die mit gekreuzten Spießen ihm den Eingang verwehren wollten, und trat freimüthig vor ihn hin. „Mit Gunst, Herr Herzog,“ sagte er, „ich will zu Euch — sagt es diesen ungeschlachten Wächtern, daß sie einem freien Mann den Zutritt zu seinem Herzog und Fürsten nicht wehren dürfen!“

„Das sollen sie auch nicht,“ erwiderte gütig der Greis, „aber der freie Mann wird dem Herzog nicht grollen, wenn er, der Geschäfte entleidet und heute von der Jagd ermüdet, sich auch ein ruhig Stündlein heischt!“

„Ich komm' auch nicht zu Geschäften,“ sagte der Alte, „ich komme nur, Euch zu begrüßen und Euch, weil Ihr doch wieder einmal in unsern Gau gekommen, ein Gast-Geschenk zu bringen ... Ich hause und hofe nicht weit vom Wildsee; Ihr habt die Salmlinge, die drinn' wohnen, weiland immer gern auf Eurer Tafel geseh'n und oft aus weiter Entfernung Boten darum geschickt; darum hab' ich Euch in dem Bächlein hier ein paar Richten dieser Fischlein mitgebracht, die schönsten und frischesten, die nur zu haben waren!“

„Schön, mein wackerer Barschalk,“ entgegnete der Herzog lächelnd, „solches Geschenk nehm' ich gerne an — hab' ich doch über andern Dingen fast darauf vergessen, daß wir so nahe an den Felsschlünden sind, in denen der Wildsee

liegt und denke wohl, wie trefflich immer die feinen Fischlein
gemundet. Der Koch soll sie sogleich noch zurecht machen,
daß auch unsere werthen Gäste davon kosten und mir wirst
Du gestatten, Alter, daß ich Dir ein Gegengeschenk mache...
Doch, doch," fuhr er fort, als Chriembert eine abweisende
und gekränkte Geberde machte, „Du wirst! Mein Gegengeschenk besteht darin, daß Du hier bleibst und als mein Gast
Deine Gabe mit mir verzehrst ... Ist mir's doch ohnehin, als
wär' es heute nicht das erstemal, daß wir uns gegenüber steh'n!"

„Sicher nicht!" rief Chriembert in hastiger Freude.
„Denkt Herzog Diet wirklich noch daran?"

„Freilich wohl — je mehr ich Dich betrachte, je be-
kannter ist mir das männlich trutzige Angesicht ... Warst
Du nicht dabei, als wir gegen die Avaren ausgezogen, die
in die karuntischen Berge eingedrungen? ..."

„Recht, Herzog," unterbrach ihn der Alte, „damals
war es! An der Brücke war es über die Drau! Die
Avaren hatten sie abgeworfen, und hatten sich an ihre Katzen
von Pferden angehängt und waren durchgeschwommen! Ich
sehe sie noch vor mir die kleinen Gesellen mit den schwarz-
gelben Gesichtern und den schiefgeschlitzten Augen! Sie
meinten, wir könnten ihnen nicht nach — wir aber waren
nicht faul ... wir sprangen ihnen nach in's Wasser, als
wär' das Schwimmen unser Leben wie meinen Salmlingen
im Wildsee: trotz ihrer Pfeile und ihrer Kolbenschläge
kletterten wir an dem Gestade hinauf, fielen sie an und
kamen ihnen in den Rücken, und nun war's an uns! Nun
drängten wir sie in den wilden Strom, daß sie übereinander
fielen wie die Mücken, und wenn Einer davon gekommen ist
vor dem Ersaufen, ... beim Donar, unsere Schuld ist's
nicht gewesen!"

„Es war ein heißer Tag, Alter," erwiderte der Her=
zog und klopfte ihm lächelnd auf die Schulter, „aber wir
haben Beide redlich unsere Arbeit dabei gethan — darum
dürfen wir uns jetzt auch die Ruhe behagen lassen und die
Kühle des Abends!"

An der Thüre entstand abermals ein Aufenthalt und
Gedräng; ein Diener meldete, ein junger Bajoar sei draußen
mit eilfertigem Gesuch an den Herzog, und wolle sich durch=
aus nicht verzögern lassen. „So wollen wir ihn denn noch
hören," sagte Theodo, „vielleicht ist sein Anliegen für ihn
drängender, und kann weniger warten als unsere Schüsseln
und Becher . . ."

Der Jüngling ward herbeigeführt — es war Markulf.

Dem Vater wie dem Sohne entschlüpfte ein Ausruf der
Verwunderung, als sie so unerwartet sich gegenüber standen.
„Das fügt sich in besonderer Weise," sagte der Herzog,
der es wahrgenommen, nachdem er Alles erfahren hatte, . . .
„mag denn der Sohn sein Begehren sagen, ich bin ihm schon
im Voraus geneigt, um des Vaters willen!"

Markulf, obwohl Anfangs betroffen, hatte sich bald
wieder gefaßt. „Mag ich es doch wohl bekennen, was mich
hieher geführt" — sagte er, „es ist nichts Unrühmliches!
Ich bin es müde, auf der Bärenhaut zu liegen oder hinterm
Pfluge herzugehen, ich will hinaus, will auch erproben, daß
ich gelernt habe, Schwert und Schild zu führen . . . und
Ihr, Herr Herzog, sollt mich in Euren Bann nehmen und
mich dahin schicken, wo Kampf und Fehde ist . . ."

„Tollkopf!" unterbrach ihn Chriembert, dessen auf=
wallender Zorn die Anwesenheit des Fürsten nur wenig zu
mäßigen vermochte. „Wie erkühnst Du Dich, Haus und Hof,

die ich Dir anvertraut, zu verlassen? Meinst Du, ich durchschaue nicht, was Dir so plötzlich die Kriegslust einflößt und Dich auf Fahrten und Abenteuer hinaus treibt! — Thut ihm den Willen nicht, Herzog — noch ist er nicht mündig und ist in Vaters Gewalt! Weist ihn zum Vater zurück — er ist toll, um einer Dirne willen!"

„Ist es das?" sagte der Herzog, und ließ den milden Blick mit theilnehmendem Wohlgefallen auf dem hübschen Jüngling ruhen. „Warum freist Du ihm dann die Dirne nicht, Alter? Gib ihm Dein Gehöft — auch ich bin eben daran, Krone und Land unter meine drei Söhne zu theilen... Zur Ruh', alter Kriegsgenosse... zur Ruh', denn es will Abend werden!"

„Er kann sie nicht freien," grollte Chriembert, „sie ist eine Hörige, eine Fremde aus dem Walchendorfe, drüben in der Roms-Au..."

„So schlag' sie Dir aus dem Sinne, mein Sohn!" entgegnete der Herzog. „Du wirst nicht freien, wie Dir nicht geziemt, wirst nicht der ärgern Hand folgen, sondern bei Deinem Vater bleiben und auf Deinem Heim..."

„Er ist ein Tollkopf, sag' ich," rief Chriembert wieder, „aber ich weiß doch wohl ein Mittel, das ihn heilt! Schlag' sie Dir aus dem Sinne, Markulf... willst Du eine Dirne freien, die nichts von Dir wissen will?"

Markulf's Augen flammten, er wollte auffahren, aber er schwieg vor dem Herzog und zerkaute sich grimmig die Unterlippe.

„Die nichts von Dir wissen will!" wiederholte Chriembert. „Ich sag' es Dir noch einmal, — ich bringe Dir die Liebesbotschaft: ich habe selbst den Werber für Dich machen wollen... aber sie blieb dabei, daß Du ihr nicht mehr bist, als jeder andere Waidmann oder Bergfahrer, der auf der Walchen-Almende zu Rast und Erholung einspricht . . ."

„Du wirst Dich fügen, mein Sohn," schloß der Herzog, indem er sich der bereits mit den Speisen besetzten Tafel zuwendete. „Lerne Geduld — auch für Dich wird einst, . . . ich besorge, nur zu bald! . . . die Zeit kommen, die Dich zu den Waffen ruft und Dir Gelegenheit gibt, Herz und Arm zu bewähren, wie sie Dein Vater bewährt hat an der Draubrücke . . . bis dahin bleibe bei ihm und übe Sohnes-Pflicht! Du gefällst mir und so lang ich in diesen Bergen weile, sollst Du in meiner Nähe sein. Mein Sohn Dietwalt ist ein leidenschaftlicher Freund des Waidwerks und möchte gern die Gemse jagen und den Steinbock, hinten in den Schrofen und Schlünden des Watzmans und der Berge am Wildsee . . . Wer könnte ihm besser den rechten Stand und die Fährten zeigen und lehren? . . . Bleibe hier, Du sollst sein Führer sein!"

Der Herzog setzte sich; unter den Gästen, nicht fern von ihm erhielt auch Chriembert seinen Platz. Um den Fürsten waren die älteren Männer gereiht; am Ende der Tafel hatte sich die Jugend um die fröhlichen Longobarden geschaart. Die wälschen Künstler begannen ihre heiteren Künste zu zeigen.

Markulf war unbeachtet in's Freie geeilt; an einer Säule lehnend, starrte er finster und schweigend in die finster schweigende Nacht hinaus, in seinem Herzen rang der Grimm, zum Bleiben und Ausharren gezwungen zu sein, mit dem wüthenden Schmerz, sich von der Geliebten verschmäht zu wissen.

Eine weiche Hand legte sich ihm sanft auf die Schulter: wie er auffahrend sich umwandte, stand die geheimnißvolle Longobardin hinter ihm. „Was sinnst Du so und grämst

4

Dich, junger Waidgesell?" fragte sie, „Dir kann wohl geholfen werden . . ."

Verwundert schaute er die Frauengestalt, schwankend vernahm er ihr Wort, da fiel Fackelschein auf sie und zeigte
ihm unter dem Mantel das dunkelrothe Gewand, ringsum
mit Schwanenflaum besetzt.

„Die Waltyre!" rief er schaubernd und entfloh durch
die Nacht.

~~~~~~~

III.

In der Roms-Au.

Sonn', zieh' weiter!
Hier glühest du vergebens —
Nimmer ergrünen
Die Tannen, es trotzen
Ewig die Gletscher:
Zieh' weiter zum schönsten
Winkel der Erde!

Mit dir zieh' ich,
Wo in Blüten reifen
Goldene Aepfel,
Umhegt von Lorbeer
Die Tiber flutet
Im schönsten, liebsten
Winkel der Erde!

So klang es nach eintönig lang gezogener schwermüthiger Weise aus einem Hause hernieder, das an der Sonnenseite des langgestreckten Romsauer-Thales auf sonniger Halbe lag, überragt von den schlanken Stämmen und mächtigen Wipfeln einiger Kirschbäume. Draußen im wärmeren Flachlande war die Zeit ihrer Blüte längst vorbei, hier aber begannen die weißen Knospen eben aufzubrechen, als hätten sie verschlafen, und müßten sich wie auf einen Traum erst darauf besinnen, was ihr Brauch gewesen im heißen heimatlichen Asien. Unten am Fuße des Hügels auf dem Saumpfade, der sich daran vorüberzog, kam ein Zug von Reitern heran, deren Einer in Wehr und Waffen in beträchtlicher Entfernung voraus trabte, um zu erkunden, wohin der Weg führe und ob er wirklich für ihre Thiere gangbar und für die Herrin des Zuges rathsam sein möge. Es war Amalaswinth, die schöne Langobardin, diesmal nicht in das Gewand einer Edelfrau, sondern in die Reisetracht gehüllt, in welcher die Kaufleute damaliger Zeit ihr fahrendes Gewerbe zu treiben pflegten. Das Kleid war wie aus Einem Stück, aus dunklem Stoff geschnitten, der die hohe Gestalt mantelhaft umhüllte; nirgends war Zier, Schmuck oder kostbar Geräth zu erkennen, nur vom dunklen Hute nickten ein paar Schwungfedern, aus Schwanenflaum kunstreich gebunden. Die Maulthiere, mit mancherlei Ballen und Gepäck beladen, waren nach Art des Südens mit rothem Trottelwerk und allerlei Glöckchen behangen, die begleitenden Reiter mit ihren stattlichen Rossen sahen sich an wie ein mannhaftes und wehrbereites Geleite.

Die Schaar zog eilfertig des Weges und doch mit einer gewissen Aufmerksamkeit, welche sich nichts entgehen ließ, was nach irgend einer Seite zu entdecken war und auf den Gedanken bringen mochte, es gelte zu suchen und jeden Augenblick bereit zu sein, die gefundene Spur nicht mehr aus den Augen zu verlieren. Eben kam der voraustrabende Reisige zurück, der Herrin zu melden, wie der Weg zwar mühselig und voll Beschwerde, aber völlig gefahrlos sei, wie er nicht vermocht habe, irgendwo die Spur von Pferdehuf oder Mannesfuß zu gewahren und wie eine kleine Strecke aufwärts an

der Ache, welche ihnen aus dem hintern Thale entgegenge=
saust komme, eine ansehnliche Mühle zu erblicken sei, in
welcher sich wohl eine Herberge für die Herrin und Un=
kunft für die Thiere hoffen lasse.

Die Reiterin vernahm nur halb die Meldung des
treuen; sie hatte die Zügel angezogen, daß ihr Saumroß
ruhig stand und sie besser den Tönen lauschen konnte, welche
eben jetzt noch klarer und bestimmter den Hügel herab ver=
nehmlich wurden. Die singende Stimme war schwach und
hörte sich manchmal an, wie das Zittern einer vom Luft=
hauch schwach berührten Saite: dann aber wuchs sie wieder
und erklang voll und mächtig, wie die Stimme des Schwans,
welche der Sage nach nie schöner, nie voller ertönen soll, als
wenn er sie mit der letzten schwindenden Kraft des Lebens
erschallen läßt.

„Sonderbarer Gesang,“ sagte Amalaswinth, „ich verstehe
die Worte nicht und doch klingen sie mir nicht unbekannt, —
es ist nicht die Sprache, die wir Langobarden reden, oder
jene der Bajoaren . . . es ist nicht Latein und doch hat
es einen Anklang von allem Diesem...“

„Kennst Du die Mundart nicht?“ erwiderte der Anführer
des Zugs. „Ich erinnere mich wohl, sie schon vernommen
zu haben — es ist ein Gemisch aus den Sprachen, die Du
genannt, o Domina und dort heimisch, wo römische Abkömm=
linge hausen, welche den Gebrauch der neuen Heimat nicht ge=
lernt und den der alten nicht vergessen haben...“

„Wer mag hier wohnen?“ fragte Amalaswinth. „Höre
nur, Alboin, die wunderbare Weise dieses Gesangs! Lautet
sie doch beinahe wie feierlicher Kirchengesang im Dome Sankt
Zeno zu Verona! Ich will hier bleiben: das Haus scheint
räumlich genug, um Platz für mich zu haben — sucht Euch

in der Mühle die Unterkunft, von der Du sprichst, dann komm zurück, Alboin, und bleibe in meiner Nähe!"

Eben war sie im Begriffe, sich von Ihrem Thiere zu [...]en, als Placida den Höhenpfad herangewandelt kam, [...] hochgeschürztem Gewand, eine schwere Korblast auf dem Rücken, in der Hand einen starken Baumast, der mit blanker Eisenspitze beschlagen zur unerläßlichen Stütze diente, bei der langen mühevollen Bergwanderung, von welcher sie eben zurückzukehren schien.

„Sei gegrüßt, Herrin... hast Du ein Verlangen, weil Du an diesem Hause anhältst?" fragte sie freundlich, indem sie sich mit dem Rücken gegen den Zaun lehnte, daß ihre Last auf denselben zu ruhen kam, und trocknete zugleich Staub und Schweiß des mühseligen Weges von der klaren Stirn und den leicht überrötheten Wangen.

Das Auge der Fremden ruhte forschend, aber mit unverkennbarem Ausdruck des Wohlgefallens auf der kräftig schlanken Gestalt und der ganzen anmuthvollen Erscheinung. „Bist Du die Frau des Hauses?" sagte sie dann. „Wer ist es, der hier wohnt?"

„Das Haus ist des Herzogs," erwiderte Placida, „mein Vater, Angelus geheißen, ist sein Hausmaier und wohnet hier."

„Und ist darin Herberge und Imbiß zu finden für einen Gast und für eine Nacht?" fragte Amalaswinth. „Ich bin eines fahrenden Kaufmanns Weib, der vorangezogen ist, nach Regensburg, Bernstein einzutauschen, der vom Nordmeer kommt — ich zieh' ihm nach und führe ihm kostbare Geschmeide zu, Korallen und zierliche Kettlein, woran auch Du wohl Gefallen haben wirst, wenn ich erst den Schatz vor Dir ausgebreitet..."

„Laß' das, Herrin," entgegnete Placiba bescheiden. „Schmuck und Geschmeide ist nicht für mich und für dies Haus — es ist nicht mein Vaters Eigen, sondern ihm geliehen vom Herzog — wir sind hörige Leute..."

„Das will so viel sagen, als Sclaven?" rief Amalaswinth mit etwas befremdetem Blick. „Dein Wort und Wesen, Mädchen, ist nicht von Sclaven-Art... von welchem Geschlechte bist Du? Was für ein frembartiger Gesang in diesem Hause? Welch' eine Sprache ist die dieses Gesanges?"

„Die unserer Vorfahren," antwortete Placiba, indem sie sich aufrichtete und ihre Last wieder auf sich nahm. „Sie haben die Sprache der Römer geredet, aber in der fremden Umgebung, unter den Fremden, mit denen sie leben mußten, haben die Geschlechter, die seitdem dahin gegangen, die Sprache vergessen — bis auf einige Worte — bis auf einige Lieder, die wir zuweilen noch singen... Was Du vernimmst, Herrin, ist ein solches Lied! — Doch komm' herein, wenn es Dir gefällt, Deinen Fuß über die Schwelle des unfreien Mannes zu setzen! Aufwärts an der Ache ist ein wohnlicher Platz mit Bäumen und einer Mühle — laß Deine Leute dort Unterkunft suchen und komm herein..."

Amalaswinth rief Alboin noch einige Worte zu und folgte der Voranschreitenden in das Haus.

Es war klein und dürftig, aber es erschien wohl erhalten und bot darum einen nicht unfreundlichen Anblick. Merklich abweichend von dem Gebrauch der umwohnenden freien Bajoaren, welche ihre Gebäude innerhalb des Geheges nach Bedürfniß und Laune stellten, waren hier die verschiedenen Räume zur Wohnung und Wirthschaft aneinander gerückt, daß sie ein nach innen geöffnetes Viereck bildeten, an den Regeneinfall und das Atrium römischer Häuser erinnernd.

Die Gebäude selbst waren ebenfalls zum größten Theile aus
Holz gezimmert, aber der rings laufende Unterbau bestand
aus Feldsteinen und Trümmern herabgerollter Felsstücke,
durch einen harten Kalkverband zusammengehalten, der darauf
hindeutete, daß in ihm sich ein Ueberrest einer einst viel höher
entwickelt gewesenen Kunst des Baues erhalten habe. Der
Hofraum war so gestellt, daß den größten Theil des Tages
hindurch ihn die Sonne zu bescheinen vermochte, und zu einem
angenehmen Aufenthalt gestaltete. Rings um die innern Gebäude, durch einen vorspringenden freien Fortsatz des Daches
leicht gedeckt, zog sich ein breiter Gang mit festgeschlagenem
Lehmboden; ein paar Stufen führten in den Mittelraum,
in dessen Morgenecke einiges Gewächs gezogen war, während
die andere zur Aufstellung von allerlei Geräthschaften dienen
mußte. Bei entsprechender Witterung war es möglich, sich
hier den ganzen Tag über aufzuhalten und die meisten häus-
lichen und wirthschaftlichen Arbeiten so zu sagen im Freien
zu verrichten — wieder ein Anklang an das Leben des Südens, der die niedrigen dunklen Gemächer scheuend, so lange
als möglich unter offenem Himmel weilt und wirkt. Auch
hier machten die dumpfen Stuben, welche zu den Seiten des
lichtlosen, das ganze Gebäude in zwei Hälften scheidenden Gan-
ges sichtbar wurden, einen keineswegs einladenden Eindruck,
aber wenn man aus dem Halbdunkel rückseits in den offenen
noch sonnenhellen Hofraum trat, ward das Auge von einem
freundlichen Bilde behaglicher Ruhe überrascht und gefesselt:
nirgends waren Spuren von Reichthum oder auch nur Wohl-
habenheit zu bemerken, aber überall bewährten sich Reinlichkeit
und Sauberkeit, ein stilles Trachten nach Ordnung, ein feiner
Sinn für gefällige Form.

„Tritt in den Hof,“ sagte Placida, „und laß Dir's

gefallen, Herrin, zu warten, bis ich meine Bürde abgelegt: ich habe Butter und Käse abgetragen von der Almende, wo ich als Sennin wirthschafte ... Der Vater ist nicht daheim, wie ich merke, und ist wohl hinaus in den Wald, Holz zu fällen: es ist Niemand im Hause, als die alte Ahne — die sitzt, wenn das Wetter es erlaubt, den ganzen Tag auf dem Hofgang ..."

Amalaswinth blieb auf der Schwelle stehen; gegenüber, in der nach Osten und Mittag gewendeten Seite, war grüner Eppich emporgezogen und schlang sich um das Dach, daß es aussah, als sei eine bewegliche Wand vorgestellt, oder ein schwankendes grünes Tuch heruntergelassen. Dahinter wie in einer Laube saß oder lauerte eine eigenthümliche Frauengestalt, in ein graues, lang hinabwallendes Gewand gekleidet, mit schneeweißem überreichem Haar, das losgelöst und regellos über Kleid und Knie bis auf den Boden herabhing. Das Gesicht war aschfahl und regungslos, die erloschenen Augen mit grauer Decke überzogen, sahen starr vor sich hin in's Leere — die ganze Erscheinung in dem durch die Epheuranken gebrochenen Lichte war anzusehen wie ein lebloses Gebilde, aus grauem Sandstein gemeißelt.

Neben der Alten am Boden lagen die Ueberreste eines Saitenspiels, einer römischen Lyra, aber beinahe unkenntlich durch Alter und Zerstörung: nichts war geblieben, als das aus Erz geformte Gestell, von Steg oder Saiten war nichts mehr zu erblicken — es war wie ein zerbrochenes Spielzeug, mit dem Kinder erst am meisten zu spielen freut, wenn es nur mehr ein Rest dessen ist, was es vorstellen soll. Für die Aechtheit seiner Abstammung bürgten die unweit davon an der Wand wie Trümmer einer Trophäe aufgehangenen

Waffen, eine niedere Bickelhaube und ein kurzes breites Schwert vom nämlichen Ursprung.

Als Amalaswinth eingetreten, hatte die Greisin geschwiegen; jetzt, da Stimmen und Tritte wieder verhallt, hob sich wie horchend das regungslose Antlitz, ihre lichtlosen Augen wandten sich der Gegend zu, von wo Beide gekommen: dann tastete sie wieder neben sich, faßte die zertrümmerte Lyra und begann darauf zu spielen, als habe sie Saiten unter ihren Händen und hörte sie unter deren Berührung erklingen. Dazu sang sie einen Theil des Liedes wieder, das sie zuvor gesungen, aber so leise, als fürchte sie, darüber etwas von dem zu überhören, was sich ihr nahe, oder als wolle sie es sich selbst vorsingen, es vor dem Vergessen zu bewahren.

Indessen war Placida wieder gekommen und hatte dem Gaste einen Stuhl gebracht, und vor denselben eine Decke auf den Boden gebreitet: auch hier mahnten das niedrige Gestell mit den übereinander geschwungenen Beinen, Farbe und Dauer des Gewebes an die verschwundene Kunst und Pracht früherer Jahrhunderte. „Ruhe Dich aus, Herrin," sagte Placida dabei, „das kleine Mahl, das ich Dir bieten kann, wird bald gerüstet sein — laß Dich von der Urahne nicht irren," fuhr sie fort, da sie Amalaswinth's Blicke dahin gerichtet fand, „sie ist ruhig und thut Niemanden Leides . . ."

„Sie scheint sehr alt zu sein," bemerkte die Langobarbin, „ich entsinne mich nicht, jemals solche Gestalt gesehen zu haben . . ."

„Wir kennen ihr Alter nicht," entgegnete Placida, „sie selber scheint es vergessen zu haben — mein Vater, der selbst schon hoch in Jahren, sagt, wie er noch ein Knabe gewesen und in der allerersten Zeit, an die er sich noch erinnern könne, sei sie schon ebenso alt und regungslos gewesen und sei da gesessen, wie heute, als ob die Zeit und der Tod sie vergessen hätten..."

„Sie ist wie ein Steinbild," flüsterte Amalaswinth, „wie Eine der Sibyllen, von denen die Mythe kündet ... fast könnte man ein Grauen empfinden bei ihrem Anblick..."

„Nicht doch," entgegnete Placida lächelnd, „sie ist gut und sanft — laß Dich durch ihre Gegenwart nicht stören, Herrin — sie sieht Dich nicht, denn sie ist blind, sie wird Dein nicht gewahr, denn sie ist irren Geistes: sie merkt nicht, was um sie her geschieht und lebt nur in ihren Einbildungen oder den Erinnerungen längst vergangener Zeiten..."

Ueberrascht hielt sie inne, denn mit feierlicher Würde hob sich die Greisin etwas empor und rief mit lauter voll tönender Stimme: „Meinst Du das, Du Kind der letzten Stunden? Glaubst Du, ich bedürfe der Augen, um zu sehen? Glaube lieber, daß ich mehr schaue, als Du mit Deinen jungen Augen von gestern! Ich kenne sie wohl, die mit Dir gekommen ... es ist Vitellia, die schöne Muhme aus Ostia ... ich kenne sie an der Stimme ... sie kommt endlich, uns den versprochenen Besuch abzustatten ... Es ist lange, daß sie das versprochen: ich weiß nicht mehr wie lange — aber es ist weit von Ostia bis in die nord'schen Alpen ... Oh, so unendlich weit!"

Amalaswinth trat näher, das Gemurmel der Alten besser zu verstehen, denn so laut sie die ersten Worte gesprochen, sanken doch die folgenden immer mehr zum Geflüster und zuletzt zu einer Art Selbstgespräch herab.

„Weit — oh, so unsäglich weit," begann die Alte wieder und nickte mit traurigem Lächeln ... „aber auch schön ... oh, so unsäglich schön! Ich seh' ihn noch, den immer wolken-losen, tief blauen Himmel — ich fühle sie, die warme weiche wonnige Luft ... es ist hart, sich von dem Himmel zu trennen und von dieser Luft — und hier ist es so kalt, so schaurig bis in's tiefste Herz hinein ...“ Wie um ihren verwirrten Gedanken zur Ordnung zu verhelfen, glitt sie mit der Hand über die Stirn und fuhr weiter. „Komm' immer näher, schöne Base Vitellia ... ich bin Lucia ..., erkennst Du mich nicht wieder? Wundere Dich nicht, daß Du mich hier in der armseligen Hütte findest ... das schöne fröhliche Haus in Juvavia ist verbrannt: wir haben uns hier verbergen müssen, bis er kommt, uns zu holen ...“

„Wer?“ fragte Amalaswinth, die, mit der Alten wieder allein gelassen, den ersten befremdlichen Eindruck rasch überwunden hatte und nichts mehr empfand, als ein fast höhnisches Bedürfniß, sich zu unterhalten.

„Frage nicht,“ erwiderte die Greisin geheimnißvoll, „er will unvermuthet kommen und will uns überraschen — er hat es so oft gethan! Wenn er seinen Namen ausgesprochen hörte, könnte es ihn wieder verscheuchen ... er hat es nie geliebt, bei seinem Namen genannt zu sein ... Aber er kommt, er hat es bei der unterirdischen Hekate geschworen! Er muß kommen, muß uns heimführen aus dem eisigen in das schöne warme Land ... drüben, jenseits dieser schaurigen Berge ... O sage, Vitellia, blaut er noch b'rüben, der Himmel von Italien? Komm näher — noch näher,“ fuhr sie dann nach kleiner Pause fort, und streckte die lange magere Hand nach der Richtung, wo sie die Fremde vermuthete, „in Deiner Rede klingt etwas wieder von den verklungenen Tönen der Heimat ... Sie glauben mir nicht, der Mann und das Mädchen, — sie sind hier im Lande des Winters geboren und groß gewachsen: sie halten mich für wahnwitzig, wenn ich vom Süden rede und von dem, was einst gewesen... O es ist so schön... und auch in Juvavia war es schön — wenn die Sonne darüber hing, konnte man wohl träumen, in Hesperiens Gärten versetzt zu sein... Und am Strome, am sausenden Juvavus da stand ein schönes Haus, eines Kaufmanns Haus, der war des Handels wegen dahin gezogen und war reich geworden, und der Garten des Hauses stieß an den Strom... da schwammen die reich beladenen Flöße und Schiffe heran bis an die Schwelle und leerten ihre Schätze an Oel und Würze und Wein... und Abends, wenn es ringsum stille geworden, und die Augen des Tages schliefen, da wandelte unter den Bäumen ein glück- lich Paar... Lucia des Kaufherrn Tochter und ein Jüngling, der sich aus dem Palaste gegenüber in den Garten schwang, weil er es nicht wagen durfte, offen das Haus zu betreten... es war Florus, des Präfecten Sohn ... ein junger ritter- licher Mann, edel wie Apollo und herrlich..."

„Stören wir sie nicht," flüsterte Placida, welche mit dem Abendmahle, in Brod, Eiern und einem Becher Wein bestehend, herantrat, „es ist wunderbar, was sie bewegt — in solchem Zusammenhange hat sie uns nie erzählt!"

„Aber die Tage der alten Götter und ihre Herrlichkeit gingen dahin!" rief die Greisin in ergreifendem Klageton, „Das Volk fiel ab von ihnen und wandte sich zu dem neuen gekreuzigten Gotte — da wandten sich auch die alten Götter von ihm und das Verderben kam über das Volk, wie wenn der Sommer den Schnee schmilzt, die wüthenden Bergbäche aus den Schluchten hernieder stürzen in das dem Verderben geweihte Thal! Wohl hatte Einer der Priester des neuen Heilands aus weiter Fern einen Boten und Warner gesendet, es zogen wilde unzählbare Völker heran, die Alles vor sich niederwerfen und tödten, was lebt und was aufrecht steht —

aber der Präfekt der Stadt glaubte der Warnung nicht. Er hatte die römischen Zeichendeuter gerufen, die hatten aus dem Vogelfluge verkündet, es sei keine Gefahr zu befürchten, und sie jubelten in thörichter Sicherheit, und als die Nacht kam, lagen sie rathlos und betäubt von der Freude des Festes, das sie gefeiert ... Aber mit der Nacht kamen die Völkerhorden herbei, zahllos wie der Sand, plötzlich wie der Wind, schrecklich wie der Blitz ... Ueber die unbewachten Mauern drangen sie in die Stadt, und bald rauchte und dampfte sie vom Blute der erschlagenen Bewohner, von der Glut der über ihren Todten zusammenstürzenden Häuser ... Niemand vermochte zu entrinnen ... aber in des Kaufmanns Haus, wo der Garten an den Juvavus stieß, war noch eine schwache Hoffnung auf Rettung gegeben ... Lucia und ihr Vater trugen Florus, der schwer verwundet am Hause niedergesunken, in den Nachen und unbeachtet von den plündernden Barbaren glitt das Fahrzeug bald dahin über die sausenden Wellen, in welche das Blut herabsickerte und die Funken niedersprühten ... Es gelang den Flüchtigen, die Berge zu erreichen und sich in ein rauhes, darum wenig bekanntes und fast unzugängliches Thal zu verbergen ... Nach Monaten, als die Hochflut des Völkersturms verronnen sein mochte, wagte der Vater sich auf Kundschaft hinaus: trostlos kam er wieder — er hatte von Juvavia nur Schutt und Trümmer gefunden: was einst in ihnen gelebt, war todt oder fortgeschleppt in die Gefangenschaft ... "

„Und Florus?" fragte Amalaswinth, da die Erzählerin aufathmend inne hielt

„Florus," begann die Greisin wieder und es ward bemerklich, daß die Erregung und Anspannung, die über sie gekommen war, wieder nachzulassen und der frühern Erstarrung zn weichen begann, „Florus blieb in der Verborgenheit, bis er genesen war ... Die Schranken, die ihn von Lucia getrennt, bestanden nicht mehr, sie gehörten einander an und schwuren beim Acheron, daß es ewig so sein sollte! Als es wieder einmal Frühling geworden, da faßte ihn das Verlangen, sich durch die Berge und Lande hindurch zu schleichen bis nach Rom ... zu sehen, ob auch die ewige Stadt vor den Barbaren gefallen und uns die Kunde zu bringen, oder wieder zu kommen um Vater und Tochter, denen er das Leben dankte, mit sich zu führen in die gemeinsame südliche Heimat ...“

„Und er ist nicht wieder gekommen?“ rief Amalaswinth mit kaum verhehltem Spott. „Und Lucia wartet noch?“

„Lucia wartet,“ flüsterte die Alte, und suchte wieder nach der Lyra. „Er wird kommen — er hat es geschworen ... Ach, es ist so weit von Rom bis in die norischen Alpen ... ach, so unsäglich weit!“

Amalaswinth lachte auf.

„Du glaubst nicht an Wort und Schwur, Herrin?“ fragte Placida, deren Blick befremdet nnd wie erschreckt auf der kühnen Langobardin ruhte.

„Ich glaube — doch nicht an Wort und Schwur eines Mannes, dem Weibe gegenüber ... Und auch Du, Mädchen, glaube nicht: nimm als erstes Gastgeschenk den Rath von mir — Deiner Ruhe willen, Deinem Glücke zu lieb, glaube nicht! Wer es thut, wird zur kindischen Thörin und kann mit dieser auf den Retter warten!“

„Sie wartet noch,“ entgegnete Placida sanft, „weil sie nicht mehr zu denken vermag: es ist ihr entschwunden, daß er längst todt sein muß, daß er wohl den Barbaren in die

Hände gefallen und verunglückt ist — daß er nicht mehr kommen kann!"

„Und daß er nicht kommen wollte, so lang er es noch gekonnt!" rief Amalaswinth bitter. „Sag' es nur heraus — andere Bande haben ihn dort gefesselt und festgehalten ... er hat im glühenden Rom vergessen, was er im eisigen Norden geschworen?"

„Ich weiß es nicht," sagte Placida, „die Urahne hat es nie gesagt ... sie wird über sein Ausbleiben getrauert haben, bis die Trauer zur Schwermuth geworden und die Schwermuth zum Irrsinn ... dennoch ist diese Hoffnung ihr einziges Glück ..."

„Das nennst Du Glück, Närrin? Du bist wohl auch wie diese gesinnt, und würdest warten, wie Lucia?"

„Hätte ich geschworen, ich würde halten, was ich gelobt ... darum glaube ich auch, daß mir gehalten würde, was mir geschworen wäre ... Glaubst Du das nicht auch, Herrin? Würdest Du nicht auch handeln, wie Lucia?"

„Ich?" rief Amalaswinth mit blitzfunkelnden Augen. „Ich wäre nicht ruhig gesessen und hätte gewartet ... und wenn ich mich als Magd verdingen müßte, und müßte als Bettlerin durch die Lande fahren, ich wäre auf und hinaus! Ich wäre seiner Spur gefolgt, und hätte nicht gerastet, bis ich ihn gefunden, ihn herausgerissen aus seinem verbrecherischen Glück, und in seiner Verzweiflung, seinem Tode vollauf meine Rache gesättigt ... "

„Herrin," rief Placida erbleichend, „ich bin eine Christin ... Du nicht auch?"

„Zweifelst Du daran?" rief Amalaswinth entgegen. „Weil ich mich rächen will? „Wenn Rache Sünde ist — ich will sie gut machen, will bereuen ..., ich will sogar

verzeihen und für den Verlorenen beten — aber erst muß
mein Haß an ihm gekühlt, erst muß das Maß der Vergeltung
voll für ihn gerüttelt sein ... Meine ganze Zukunft, mein
Leben, jede Stunde in ihm soll Gott und seinem Dienste
gewidmet sein; aber diesen Einen Augenblick muß er mir
lassen, diese Sekunde nur muß mir gehören!"

Die Greisin hatte inzwischen, ihrer nicht bewußt wie
vorher, auf den eingebildeten Saiten der Lyra gespielt: sie
war wieder das Kind, das sie zuvor gewesen. Jetzt erhob
sie sich und schritt, an der Wand fort tastend, in eine
der Kammern des Hauses. „Lucia sucht ihr Lager auf," sagte
Placida, welche Amalaswinth mit steigendem Befremden betrachtet hatte, „wäre sie noch ihrer Sinne Herr, sie würde
Dir für den Eifer danken, womit Du Ihres Geschickes Dich
angenommen. — Es scheint, der Vater will nicht mehr nach
Hause kommen ... erlaube, daß ich des morgigen Tags
und seiner Mühen gedenkend, auch Dir die Ruhestätte an-
weise ...".

Sie geleitete die wortlos folgende Fremde in ein kleines,
nicht unfreundliches Gemach, dessen Lager mit Wilddecken
und Tüchern zu angenehmer Ruhe recht wirthlich bereitet war.
In einer Wandnische brannte eine kleine Lampe, aus Erz
geformt, eine Schale darstellend, um deren Fuß sich eine
Schlange wand, so daß der Schweif den Handgriff bildete,
während aus dem vorgestreckten Rachen die kleine Flamme
spielte. Die Langobardin ließ den frommen Nachtgruß der
Wirthin unerwidert — auch deren Schritt verhallte bald in
der allgemeinen Nachtstille, die groß und feierlich über den
riesigen Bergen und dem winzigen Hause zu ihren Füßen
sich ausbreitete. Draußen kam groß und voll der Mond
durch das blaue Luftmeer geschwommen — nur hie und da

von leichtem Aufrauschen der Bäume auf der einsamen Fahrt begrüßt oder angerufen von dem Schrei eines wilden Gethiers in der fernen Bergwildniß.

Die Sterne waren noch nicht weit vorgerückt, als ein Mann behutsam und doch eilfertigen Schritts den mühsamen Hochpfad einher kam, welcher, meist zum Viehtrieb benützt, sich längs der Halde in nicht unbeträchtlicher Höhe dahinzog. Oberhalb des Walchenhauses angekommen, lenkte er von dem Pfade und kam vorsichtig quer durch das thauende Gras, das sich geräuschlos unter seinen Tritten beugte. Etwas gebückt schlich er dann an der Wand des Hauses hin, bis unter ein Fenster, das sich thalabwärts gegen die aneinander rückenden Berge öffnete, über deren Einschnitt der hohe Göll wie ein nordischer Eisriese in bleicher Majestät das eisgekrönte Steinhaupt emporhob.

Das Fenster war noch nicht geschlossen. Placida hatte ihr Nachtgebet verrichtet, aber der Schlaf, der sie sonst immer gleich mit den letzten Worten und Gedanken desselben zu umarmen pflegte, wollte trotz der ermüdenden Bergwanderung nicht auf sie herniedersinken; war es die Begegnung mit der fremden so wildgemuthen Langobardin — war es die Erzählung der Urahne oder die Erinnerung dessen, was sie in den letzten Tagen selbst erlebt: die Ruhe kehrte nicht ein in dem kleinen Kämmerchen und der Bewohnerin war nichts übrig geblieben, als an's Fenster zu treten und zu versuchen, ob ein Blick in die stille ruhige Klarheit, die draußen waltete — ein Athemzug von ihr den Frieden nicht auch zu ihr herein tragen werde. Sie lehnte an der Fensternische, von außen nicht sichtbar wohl aber vermögend, Alles zu sehen und zu hören, was dort geschah.

Sie vernahm den leisen Tritt, der schleichend näher kam. „Sollte der Vater doch noch heim kommen," dachte sie, gab aber den Gedanken eben so schnell auf, denn der Vater würde nicht von der Seite, nicht heimlich, sondern offen zum Eingange kommen; sie wollte eben vortreten, wollte anrufen und fragen, als ein Seitenblick ihr die Gestalt des neben dem Fenster sich Aufrichtenden zeigte und der Ausruf „Markulf" halblaut den überraschten Lippen entschlüpfte.

„Ja — ich bin es, Placida," sagte der Jüngling, indem er unter das Fenster an das Gemäuer trat, „erschrick nicht vor mir und zürne nicht, daß ich mich erdreiste, Deine Nachtruhe zu stören ... aber ich konnte nicht anders, ich muß mit Dir reden..."

„Und darum kommst Du bei Nacht?" fragte Placida scharf entgegen. „Wenn Du mit mir reden mußt, so finde bei Tag den Weg! Was Du mir heimlich, bei Nacht, einherschleichend wie ein Räuber, zu sagen denkst, begehr' ich nicht zu erfahren!"

„Zürne nicht," flüsterte Markulf, „ich konnte nicht anders — ich vermochte nicht früher zu kommen, ich würde auch morgen bei Tage nicht kommen können — vielleicht auch den folgenden Tag noch nicht ... das hätte ich nicht zu ertragen vermocht; denn ich muß Gewißheit haben, eh' ich einen Fuß weiter setze! Ohne im Laufe anzuhalten, komm' ich von der Salzburg herüber — ich soll des Herzogs Sohn, Prinz Dietwalt, auf den Kaunstein geleiten und sein Führer sein auf der Steinbock-Jagd ... Du siehst also, ich konnte nicht bei Tage kommen und vorgestern weißt Du wohl, daß es mir unmöglich war, bei der Almende zu landen — der Vater hatt' es mir verboten..."

„Was entschuldigst Du Dich?" rief Placida, sich selbst zu künstlichem Unmuth erregend: sie mußte das, denn sie fühlte nur zu wohl, welche Gewalt seine heißen drängenden Worte über sie zu üben begannen. „Hast Du Dich zu verantworten vor mir — der Sohn des freien hochmüthigen Barschalken vor der hörigen Tochter des verachteten Römlings? Hab' ich begehrt, daß Du bei mir landen sollst? Ich habe nichts mit Dir zu verkehren — darum geh' und komm am hellen Tage wieder, wo Dein Vater es sehen kann und Deine freien Genossen, daß Du zu der Leibeigenen kommst..."

„Sei nicht so ungestüm mit mir," bat der Jüngling entgegen mit dem einschmeichelndsten Tone, den er der rauhen Zunge abzugewinnen vermochte, „sei nicht so hart — ich scheue mich ja nicht: ich will zu Dir kommen, offen, bei scheinender Sonne und vor siebenmal sieben Zeugen... antworte mir nur auf meine einzige Frage!"

„Es gibt keine Frage, auf die ich Dir zu antworten hätte — geh..."

„Verstelle Dich nicht, Placida. — mache Herz und Zunge nicht rauher, als sie sind... Du mußt es längst wissen, daß es mich zu Dir zieht, wie den Hirsch zum Walde — daß ich Dich liebe und nicht mehr von Dir lassen kann, nicht mehr als mit dem Leben! Ich habe nie ein Hehl daraus gemacht und Du wußtest es auch und schienst nicht zu grollen, wenn ich kam, an Deiner Sennhütte zu pochen... Du schienst mir auch gewogen zu sein..."

„Kann ich dafür, wenn Du solche Dinge träumst?" rief Placida erwarmend. „Wie soll ich Dir gewogen sein? Die Hausfrau für den Hof in der Schönau suchst Du nicht in dem unfreien Hause des Walchen... denkst Du, die hörige Dirne soll Dir zur Kurzweil sein?"

„Höre mich, Placiba," unterbrach sie Markulf mit feurigem Eifer, „ich will meines Vaters Erbe nicht, wenn ich es nicht mit Dir theilen kann! Ich will den Hof in der Schönau eh' mit dem Rücken ansehen und in's Elend ziehen, eh' ich darin hause mit einem andern Weibe! Ich will fort! Will als Kriegsmann ausziehen auf Fahrten und Abenteuer — dann, wenn ich genug der Schätze erworben, genug an Ruhm und rothem Gold — dann will ich wieder kommen, will Dich frei machen und heimführen von Deinem Vater und Deinem Herrn als mein liebes Weib, als meine wahre freie Hausfrau!"

Das Mädchen schwieg einen Augenblick; mit jedem Augenblicke wurde der Kampf der mühsam zurückgehaltenen Neigung mit dem beherrschenden Verstande heftiger, mit jedem Herzschlage begann die Herrschaft des Letztern mehr und mehr zu schwanken — die Nachricht von seinem Vorhaben, die bringende Innigkeit seiner Worte ergriffen sie mächtig und ließen den Athem in ihrem Busen stocken.

„Du schweigst? Zweifelst Du, weil Du nichts entgegnest?" begann Markulf wieder. „Sieh', ich komme so eben vom Herzog — ich war seit gestern bei ihm und habe ihn gebeten, mich als Kriegsmann in seine Gefolgschaft aufzunehmen: mein Vater, der auch dahin gekommen, hat es hintertrieben ... Der Herzog will, daß ich bleiben soll! Aber ich bleibe dennoch nicht — ich ertrag' es nicht, hier zu leben, in Deiner Nähe und doch ohne Dich ... ich gehe heimlich von bannen, will ausführen, was ich mir gelobt und will Dich mir erobern ... noch diese Nacht fahr' ich von hinnen! Sage mir nur ein einziges Wort der Ermuthigung, Placiba! Sage, daß es nicht wahr ist, was mein Vater mir von Dir berichtet hat!"

„Und was hat Dein Vater berichtet?" fragte sie mit beklommenem Tone.

„Daß Du mir abgeneigt bist!" erwiderte Markulf fliegenden Athems. „Daß Du keinen Theil habest an mir... daß ich Dir nicht mehr bin, als jeder andere Waidmann und Bergfahrer, der als Gast in Deine Hütte tritt... Nicht wahr, Placida, das hast Du nicht gesagt?"

Placida kämpfte noch immer, noch schmerzlicher mit sich selbst: die volle Schwere des Augenblicks lastete auf ihr, sein Gewicht machte die Schale ihres ganzen Lebens zur Entscheidung sinken oder steigen... sie schwankte noch eines Pulses Dauer, dann hatte sie sich zusammengerafft und sagte mit gelassenem Tone: ... „Ich hab' es gesagt..."

„Aber es war nicht Dein Ernst!" rief Markulf auflobernd. „Es kann Dein Ernst nicht gewesen sein... ich kenne meines Vaters trotzig Gebahren, er wird Dich bedrängt und gescholten haben: Du sprachst nur im gerechten Unmuth, ihn von Dir zu weisen — Sieh, Placida, ich weiß ja, es kann Dein Ernst nicht gewesen sein! Wohl haben wir bis zur Stunde nie von dem geredet, was uns zu einander führte — ich habe Dir niemals gesagt, wie sehr ich Dich liebe und weiß doch, es ist Dir nicht verborgen geblieben... So weiß auch ich, obwohl Du es nie bekannt... mein eigenes Herz sagt mir, daß das Deine mir nicht abgeneigt ist... Deine freundliche Stimme, Dein holdes Auge, Dein ganzes liebevolles Wesen hat es mir verrathen... O sage, es war nicht Dein Ernst, als Du jene bitteren Worte sprachst?"

„Warum nicht?" entgegnete das Mädchen, die aus dem Gefühl der Nothwendigkeit die Kraft zu immer kälterem Trotze gewann. „Ich wüßte nicht, Dir je dergleichen verrathen zu haben ... soll ich für das einstehen, was Deine Einbildung zu sehen meint?..."

„Placiba ..." stammelte Markulf, wie außer sich.

„Warum sollst Du mir mehr sein, als ein anderer Gast?" fuhr sie noch bitterer fort. „Geh' zur Freierei, wo es sich für Dich geziemt — mich laß mein Loos tragen, als hörige Magd ... ich gebe Dich los! Dein Vater soll erkennen, ob ich Dich an mich gebunden mit Zauber und Neidingswerk! ... Geh' ... was ich Deinem Vater auch gesagt ... so wahr ich hier vor Dir stehe ... es war mir Ernst damit!"

„Mädchen ..." rief Markulf im Ausbruche des wildesten Leids, „wiederhole das Wort nicht ... es macht mich unglücklich und meinen Vater mit und kann Dir selber nimmermehr Glück bringen! Stoße solch' treues Lieben nicht so feindselig von Dir! Ich will ja nicht, daß Du mir Liebe bekennen oder geloben sollst — sage mir nur, daß ich Dir nicht wie jeder Andere, daß ich Dir nicht gleichgiltig bin: das nur sage mir und ich will nicht ruhen und rasten, bis ich jedes Hinderniß besiegt, bis ich jede Kluft, die zwischen uns liegt, ausgefüllt und Dich darüber hinweg geführt habe in meiner Vorfahren Gehöft, als mein freies, geliebtes Weib ..."

So dringend Wort und Ton des Jünglings waren, sie wären es noch mehr geworden, hätte er vermocht, Placiba zu erblicken, welche im Dunkel der Fensternische verborgen, die letzten schwersten Zuckungen des widerstrebenden Herzens niederkämpfte. Wie gern hätte sie der schmeichelnden Lockung des Jünglings nachgegeben, der ihr so theuer war, als sie selbst nie gewußt, als sie erst jetzt im Augenblick des Verlustes erkannte ... Er bat so herzlich und was er bat, war ihr

eigenes, ihr ersehntestes Glück: sie durfte nur die Hand aus-
strecken, so fiel ihr die reife Goldfrucht beseligend entgegen —
dann aber sah sie wieder den alten trotzigen Barschalken vor
sich stehen, hörte sich mit Drohworten und Schmähungen überhäuft und fühlte den Blick der Verachtung, den er im
Uebermuthe auf ihr ruhen ließ ... Ihr Blut wallte auf, ihr
Sinn stemmte sich dagegen! Sie wollte nicht als Lügnerin
vor ihm stehen, er sollte sich vor ihr beugen müssen und
die verschmähte Walchenbirne achten lernen . . . Mühsam
fand sie Athem, noch mühsamer Worte . . .

„Dein Vater hat ganz recht gesagt," stieß sie heraus,
„es war mein völliger Ernst!"

„Nun denn, so hast Du zu verantworten, was geschieht," rief hinwegstürzend Markulf mit dumpfem Tone
und war im Nu hinter den nächsten Büschen verborgen. Er
gelangte aber nicht weit: unter einem der Kirschbäume zog
seines Schmerzes Uebergewicht den Erschöpften nieder in das
feuchte, mit abfallenden Blüthenblättern bestreute Gras.

Vom Watzmann kam eine finstere Wolkenwand herange-
zogen, und drängte sich vor den Mond — ein unheimliches
Hellbunkel flog durch die Nacht.

Placida harrte einen Augenblick, bis sie Markulf's
Schritte nicht mehr vernahm: unter Thränen, die sie jetzt
nicht mehr zurück zu halten strebte, sank sie dann auf ihr
reines Lager — sie nahm von der Wand das dort hän-
gende kleine und unscheinbare Holzkreuz, preßte es in den
gefalteten Händen fest an die schmerzlich pochende Brust, ergeben in alle Qual der Entsagung vertrauend auf das Glück
des mit ihr verheißenen Friedens.

So leise das Gespräch der Beiden geführt worden, war
es doch nicht unbelauscht geblieben. Das Geflüster hatte

Amalaswinthas wachendes Ohr erreicht: auch in ihrem Gemüthe ging der Sturm zu hoch, als daß die Wellen vermocht hätten, sich zum ruhenden Spiegel zu glätten — leise hatte sie das schlaflose Lager verlassen, und war aus dem leicht verschlossenen Hause getreten. Ihre Aufmerksamkeit wurde zur gespannten Neugier, als sie in dem Manne den jungen Jäger erkannte, der bestimmt war, Dietwalt's Waidführer zu sein. Mit immer zufriedenerem Lächeln hörte sie zu und flüsterte mit zustimmendem Nicken in sich hinein: „So bin ich doch nicht umsonst des Weges gefahren ... hab' ich auch seine Spur nicht entdeckt, jetzt glaube ich zu wissen, wer mir mein Wild sicher in's Garn jagen soll!"

Sie folgte Markulf zur kühlen Lagerstätte seines Grams; er ward ihr Nahen nicht gewahr, bis sie aus dem rauschenden und nickenden Haselgestäude trat und dem überrascht empor Springenden die Hand auf die Schulter legte. Indeß ein flüchtiger Blick des Wohlgefallens die kräftige Schönheit des Jünglings überglitt, grüßte sie ihn mit denselben leise geflüsterten Worten, wie bei der ersten Begegnung des vorigen Tags. „Was sinnest Du so gramvoll, schöner Waidmann? Dir könnte wohl geholfen werden!" —

„Du wieder hier?" entgegnete Markulf, sie anstarrend. „Was willst Du von mir?"

„Ich von Dir?" erwiderte Amalaswinth. „Nichts — oder doch so viel als nichts! Deinetwegen komm' ich ... ich will Dir helfen!"

„Mir vermag Niemand zu helfen!"

„Doch — wer weiß es! Wenn Du wirklich Leib und Seele verschworen an das bleiche Gesicht mit dem kalten Herzen — wenn Du nicht siehst, wie nahe das Leben seine farbigsten glühendsten Blüthen vor Dir entfaltet ..."

„Ich bin gebannt," seufzte Markulf, „ich muß vergehen und schwinden ohne sie!"

„So gilt es, ihre Liebe zu gewinnen und ihr das eisige Herz zu schmelzen," rief Amalaswinth, „ich vermag es und ich will es, wenn Du meinem Geheiß Dich fügen willst! Diene Du mir — dafür will ich Dir dienen . . ."

„Rede, was Du verlangst . . . Um diesen Preis bin ich zu Allem bereit . . ."

Amalaswinth neigte sich zu ihm, als ob auch die Aeste und Blätter um sie her die Worte nicht vernehmen sollten, die sie sprach. „Bist Du bereit?" fragte sie dann mit Nachdruck.

„Ich bin es," erwiderte Markulf in fieberischer Hast . . . „und Du gelobst mir dafür . . ."

„Die spröde Dirne soll Dein sein und in Liebe vor Deinen Füßen vergeh'n . . ."

„So befiehl' über mich," rief der Jüngling, „erfülle Dein Wort und der Himmel habe keine Stelle für mich, wenn ich das meine nicht halte!"

„Welches Feuer!" murmelte die Langobardin halbleise mit eigenthümlichem Blick und Ton. „Und wie thöricht vergeudet! Nun denn, so habe was Du Dein Glück nennst," fuhr sie zu Markulf gewendet, fort . . . „Trage dieß Zeichen an Dir und am dritten Tage ist Deine Liebesglut gestillt . . ."

Sie nahm eine der Schwanfedern vom Haupt und steckte sie auf Markulf's Hut: eh' er sich besinnen konnte, war sie verschwunden.

„Weh' mir — die Walkyre — ich bin in ihrer Gewalt!" rief er schaudernd und wollte, eingedenk der Worte des Vaters, die Feder vom Hute reißen — im nämlichen Augenblick sank ihm die Hand zurück. „Nein," murmelte er grimmig, „ich kehre nicht zurück . . . ich bin verloren, ich weiß es, aber Placida wird mein!"

IV.

Das Schwanenhemd.

Wie eine zweite luftige Flut lag undurchdringlicher Nebel über dem Gewässer des Wildsee's, und ferne hinaus, so weit das Auge zu bringen vermochte: es war ein graues, manchmal von Silber durchblitztes Meer, in welchem hie und da die höchsten Gipfel des Gebirgs oder Stellen des Flachlandes mit schroffansteigenden Spitzen oder breit hingestreckten Ebenen inselartig schwammen: der Kaunstein allein, von welchem man das Nebelgewoge übersah, hob sein Alles überragendes Eishorn blau schimmernd und doch goldglänzend scharf und hell in das sonnendurchloberte Blau hinein, das wolkenlos darüber sich erhöhte und breitete.

Die aber auf dem Gebirge standen, gewahrten nicht das wundersame Bild, das in Ferne und Nähe sich glänzend vor ihnen aufthat: sie waren nur mit dem Gestein und den wunderbar gestalteten Felsformen des Kaunsteins beschäftigt, der über der kleinen trümmerbedeckten Hochebene wie eine ungeheure Pyramide furchterregend emporstieg, denn die Felsen ragten und lagen übereinander bis zu einer Höhe, daß das

Auge die schwindelnde Spitze kaum zu erreichen vermochte. Das ward fast nur dadurch möglich, daß die Pyramide wie ein riesiges Horn sich krümmend gegen den See zu überhing — zum Falle bereit wie sich zerbröckelndes Thurmgemäuer, dem sie auch darin glich, daß sie das Ansehen hatte, als wäre sie aus riesigen, übereinander gelegten Quadern aufgeschichtet. Jahrtausenden hatte das gewaltige Steingebilde trotzig widerstanden, aber es trug die Wunden und Narben des nie rastenden Kampfes überall zur Schau. Der Sonnenbrand hatte Wände und Schrofen angeglüht und gedehnt, der Frost hatte sie wieder zusammengezogen und geteilt, bis es gelungen war, die vermürbenden Massen zu sprengen und den strömenden Ergüssen der Wolken den Weg zu bahnen, auf daß sie, die Risse auswaschend und allmählig zu Klüften und Schluchten erweiternd, das Werk der Zerstörung vollends zu Ende bringen sollten. Kein Pfad führte zu dem Gipfel der regellos übereinander gethürmten Blöcke; am Fuße des Kegels lagen deren viele wie angesammelt und aufgestaut, gleichsam ein künstliches Bollwerk, das überstiegen werden mußte, wollte man in die Schlucht eines Bergquells gelangen, der gegen das Landthaler-Thal abstürzte. Wer da hinüber kletterte, den mochte wohl wider Willen der Gedanke und mit ihm ein stilles Grausen beschleichen, daß es vielleicht nur eines einzigen Steinchens bedürfe, welches sich lockere, — um dadurch den nächsten Felsen und ihm nach die ganze Steinmasse stürzen zu lassen, der es bis jetzt zur unscheinbaren letzten Stütze gedient.

In dem Geklüfte der übereinander geschobenen Blöcke hat sich eine mächtige Höhle gebildet; eine ungeheure, vom Tage nur durch einen Spalt seltsam beleuchtete Halle, die sich ansah, als habe die Natur darauf gesonnen, sich selbst eine Art von Tempel und Heiligthum zu errichten. Nicht geordnet wie Säulen eines künstlich abgemessenen Baues, sondern wie Urbäume eines gigantischen Waldes stiegen Pfeiler in derselben empor, bald massiv wie zum Tragen bestimmt, bald schlank emporspringend, wie zu gefälliger Zier ersonnen. Die Wände waren nicht eben, nicht geglättet, doch war auch hier eine gewisse Ordnung, ein sicheres Ebenmaß zu erkennen, denn der Natur ist es unmöglich, selbst da, wo sie in ihrer ganzen Furchtbarkeit als Zerstörerin auftritt, anders zu wirken als großartig und schön. Die Decke bestand aus zwei Blöcken, welche, gegeneinander gestemmt, sich gegenseitig in dem sonst unvermeidlichen Sturze aufhielten; davon hingen Zacken hernieder von abenteuerlichen Formen, längere mit kürzeren wechselnd, als ob auch hier eine sinnvoll ordnende Hand gewaltet und sie gefestet habe. Die Pracht der Halle ward aber vollendet durch einen großen Spalt im Gestein, der sich nach der freien in den Wildsee abstürzenden Bergwand hin wie ein Fenster oder eine Art steinernen Balkons öffnete, etwas Licht einließ und auf den obern Theil des Sees und seine Bergwände einen überraschenden Blick gestattete ... schräg über lag der Watzmann: zu seinen Füßen, wie ein an den greisen Vater sich anschmiegendes Kind, grünte die kleine Walchen-Almend — davor in schwindelnder Abgrundstiefe schlang sich das Wasser des Wildsee's hin. Der Boden der Halle war natürlich rauh; es gab fast keine Stelle, wo der Fuß sich feststellen konnte — nur gegen das Fenster zu waren die Blöcke so günstig gelagert, daß es möglich schien, auf ihnen wie auf Ruhebänken sich niederzulassen und auf einem andern ein vom Augenblick bereitetes flüchtiges Jägermahl einzunehmen.

Die ben Eingang der Höhle bildende Kluft war im Verhältniß sehr niedrig und eng; sie glich mehr einem von oben durch's Gestein gehenden Riß — das Tageslicht vermochte nur seltsam gebrochen einzubringen und floß mit dem hellern Scheine, der durch das Fenster kam, zu einer grüngrauen zauberhaften Dämmerung zusammen, welche die Halle noch mehr als einen Hort des Wunders und des Geheimnisses erscheinen ließ.

Jetzt klomm aus der Höhlenspalte Alboin, Amalaswinthens Begleiter hervor; er reichte die Hand zurück, um der Herrin ebenfalls heraus zu helfen, aber das kühne Weib bedurfte der Stütze nicht: sie schwang sich selbst empor, unbekümmert darum, daß der innen liegende Block, der ihr zum Tritte diente, nicht festlag, sondern bedrohlich hin - und wieder schwankte. Draußen, vor dem Eingange, auf dem etwas gesenkten Boden, hart neben dem Spalt lag ein großes Felsstück in so sturzdrohender Stellung, daß es unbegreiflich schien, warum dasselbe nicht herunter rollte: wäre es geschehen, so wäre es unmittelbar vor den Spalt zu liegen gekommen und hätte diesen und mit ihm den Eingang zur Höhle für immer verschlossen.

Der Alte schien solche Gedanken zu haben, denn er betrachtete das Felsstück mit genau prüfendem Blick und faßte besonders einen kleinen Stein in's Auge, der wie eine absichtliche Unterlage und Stütze darunter gelegt schien. „Sonderbares Geklüfte das!" rief er und schien die Sonnenstrahlen, welche ihm scharf auf den Leib fielen, mit Behagen zu empfinden. „Es geschieht wohl, daß Einem manchmal in einem bösen Traumgesicht eine rechte Wüste vorkommt, aus der man sich nicht mehr hinaus zu finden weiß ... aber eine so furchtbare Oednei, wie diese, mag wohl keinem Menschen auch

nur im Traum erscheinen! Und wie die Luft hier weht!
Schneidig kalt, daß sie durch Gewand und Pelz bringt! In
der Höhle unten war es schaurig und dumpf, hier außen
ist's wohl hell und frisch ... aber die Luft verräth, daß
wir nur wenige Schritte von uns das Eis haben, das niemals schmilzt! Ich will dem Himmel danken, wenn ich die
warme Ebene von Pavia wieder vor mir sehe ... ich habe
eine ordentliche Sehnsucht, den Ticino wieder rauschen zu
hören, und die Oelbäume und Pinien an seinem Ufer!"

„Das sollst Du bald," erwiderte Amalaswinth, welche
finster und doch in unverkennbarer Erregung sich auf's Gestein niedergelassen hatte ... „Mir gefällt diese Wildniß, in
ihrer Einsamkeit wie in ihren Schrecken, es ist etwas darinnen, was zu meinem Gemüthe stimmt! Du aber magst nun
gehen — warte meiner am bestimmten Ort ... bin ich am
Abend des dritten Tages noch nicht eingetroffen, so kehre
allein zurück nach Pavia und grüße mir den Ticino und seine
Pinien ... "

Alboin zögerte. „Domina," sagte er dann, sie mit
festem Blick betrachtend, „laß mich immerhin noch bei Dir
bleiben — es ist nicht geheuer in dem Geklüfte ... Wenn
Dir ein Wolf aufstieße oder ein Bär ... "

„Glaubst Du, daß ich vor Bestien zittere?" erwiderte
sie geringschätzig, während ihr Auge nach der Stelle streifte,
wo Bogen, Köcher und Jagdspieß unter Alprosenstauden in
den langen zähen Grashalmen lagen, welche mit mattem
Grün zwischen dem Gestein hervorgekeimt waren. „Geh' —
ich bedarf Deiner nicht!"

„Laß mich dennoch bleiben, Domina!" begann der Alte
wieder. „Muthe mir nicht zu, Dich hier allein zu lassen
und fern von Dir ruhig zuzuwarten, ob und wann Du wie-

ber kommen werdest . . . Laß mich bleiben, denn — um
Dir offen die Wahrheit zu sagen, wenn Du auch darauf
beharren und mich von Dir weisen wolltest, ich würde Dir
nicht gehorchen! Ich bin nicht umsonst Dein Schirr- und
Waffenmeister . . . wo Du bist, gehör' ich auch hin!"

„Wie?" rief Amalaswinth flammenden Blicks. „Du
verweigerst mir den Gehorsam?"

„Ja, Domina," entgegnete er fest, „denn indem ich das
thue, diene ich Dir besser, als wenn ich Dir gehorchen wollte!
Laß mich bleiben — Du hast nicht nöthig, etwas vor dem
alten Alboin zu verbergen . . ." Er trat näher und sprach
leiser, als wäre sogar in der Wildniß Verrath zu fürchten . . .
„Ich weiß, was Dich hieher geführt, Domina . . ."

„Unmöglich! Du hättest mein Geheimniß errathen?"

„Weßhalb unmöglich? Das Auge des treuen Dieners
erräth mehr, als es verräth . . . Zürne nicht, aber Alboin
weiß, wessen Nachen allnächtlich den Ticino herabgeglitten
und im Cypressenschatten des Gartens angelegt . . . ich weiß,
wer am Geländer der Terasse emporkletterte . . ."

Amalaswinth war aufgesprungen und stand drohend vor
dem Alten; in der Hand über seinem Haupte funkelte ihr
Dolch. „Schändlicher," rief sie zürnend, „Du hast es ge-
wagt, mich zu belauschen?"

„Nein, Domina — aber ich habe Dein Geheimniß bewahrt und bewacht, nachdem der Zufall mich zum Mitwisser
gemacht . . . darum weiß ich auch, was das Ziel der Bet-
fahrt war, hinter der Du den Deinen diese Reise verborgen;
ich weiß, warum Du als das Weib eines Kaufherrn Dich
vor Spähern sichern wolltest . . . und weiß, wen Du hier
erwartest . . ."

Die Longobardin ließ die Waffe sinken. „Es ist gleich-
viel," sagte sie dann, „magst Du es immerhin wissen, verrathen wirst Du mich nicht, dessen bin ich sicher ... Aber
geh' bemungeachtet und hindere mich nicht!"

„Und kennst Du mich so wenig, Domina," rief Alboin
näher tretend, daß Du glauben kannst, ich werde Dich hin-
dern in Deinem Werke? ... Frage Dich selbst, ob Du
bis in Deine Kindertage zurück, Dich auf eine Zeit besinnen
kannst, in welcher Alboin nicht bei Dir gewesen? Ich war
Dir ergeben, seitdem Du die Augen dem Licht der Welt
geöffnet hast — ich hab' es Deinem Vater, der mir einst
trotz schwerer Verschuldung das Leben geschenkt, zugeschworen,
ich wollte dieses Leben, das er mir geschenkt, seinem Kinde
weihen und ob er auch nie davon erfahren: ob Du es nie
geahnt — vor mir selber habe ich meinen Schwur gehalten
und werde ihn halten! Ich habe Dich auf den Armen getragen, habe mit dem Kinde gespielt, das Mädchen hab' ich
gelehrt, was ich lehren konnte — die Jungfrau hab' ich be-
schirmt, so weit ich sie zu beschirmen vermocht! Du bist
das Einzige, was ich im Leben geliebt — ich lebte nur in
der Freude an Dir, in dem Wohlgefallen an Deiner immer
herrlicher erblühenden Schönheit: Deine Lust war mein Glück,
Dein Leid meine Verzweiflung ... Glaube mir, Domina ...
hätt' ich ein leiblich Kind und ihm wäre geschehen wie Dir ...
und es wollte hier stehen wie Du ... ich würde es nicht
abhalten! Ich würde es begleiten, wie ich Dich begleitet
habe, und wenn seine Hand erzittern sollte — würde ich
sagen, hier ist meine Hand — sie ist stärker!"

„... So bleibe denn," flüsterte Amalaswinth, und
drückte bewegt dem Alten die Hand. „Als mein Genosse
magst Du bleiben ... mein Diener zu sein, hast Du von

diesem Augenblicke an aufgehört ... Horch! Mir ist, als
hört' ich Schritte nahen ... der Augenblick der Erfüllung
rückt heran ..."

Das Rollen von kleinerem, durch Auftreten gelocker-
tem Gestein vermischte sich mit dem Hall nahender Fußtritte;
mit heiserem Gekreisch flog ein riesiger Lämmergeier auf
und schwang sausend die mächtigen braungesprenkelten Fittige
— in der Höhe hielt er sich schwebend wie zu Spähe und
Abwehr, wenn durch den Kommenden seinem Horste Unbill
oder Gefahr drohen sollte.

Wenige Augenblicke später tauchte zwischen dem Gestein
ein niederer Hut empor, mit der Schwanenfeder geziert: unter
dem Hute erschien Markulf's Antlitz, bleich und erregt, das
Gelock wirr und fliegend von Anstrengung und Hast.

Er spähte umher. „Herrin, bist Du bereit?" rief er,
als er Amalaswinth gewahrt.

Diese hielt beide Hände fest an die Brust gedrückt, die,
gepreßt vom Augenblicke der Entscheidung, den Athem zu
versagen schien. „Ich bin es ..." stieß sie endlich hervor.
„Doch wie — Du kommst allein?"

„Nein," entgegnete Markulf, der inzwischen vollständig
herauf geklettert war, „der Prinz hält weiter unten einen
Augenblick Rast — ich bin voraus, als müßt' ich erst Weg
und Steg erkunden ..."

„Und das Gefolge?"

„Ist weit weg, auf ganz anderer Spur! Ich habe gesagt, ich wollte den Prinzen über die Eiskapelle hinan in die
Scharte des Watzmann führen, ... dann ließ ich sie einen
andern Weg ziehen, als hätten wir sie verloren und beredete
den Prinzen, mir hierher zu folgen, wo ich ihm ein seltsam
Bergwunder zu zeigen vermeinte."

„Gut so!" rief Amalaſwinth ſich erhebend, und ſtrich das üppige goldrothe Gelock über Stirne, Schläfen und Schultern zurück. „Führ' es hinaus, wackerer Geſell, wie Du begonnen ... Aber was iſt Dir?" fuhr ſie nach kurzem Innehalten fort, während deſſen ſie den Jüngling genauer beobachtet und die Aufregung gewahrt hatte, in der er ſich unverkennbar befand. „Du biſt befangen? Du biſt bleich? Thor, biſt Du bang vor Erfüllung Deines Glücks?"

„Nein," erwiderte Markulf, „aber ich weiß ſelbſt nicht, wie mir zu Muthe iſt. — Mir glüht es im Gebein und mein Eingeweide brennt fieberiſch, als ſollt' ich es nicht erleben, bis die dritte Sonne hinunter gegangen iſt! Eine mir ſelbſt unbegreifliche Angſt quält mich, daß ich nicht Recht gethan, den Prinzen zu Dir zu führen! Nun, da es ge- ſchehen iſt, dünkt mich Dein Begehren erſt befremdlich und wunderbar ... Sage mir, Herrin, beruhige mich ... was ſoll er hier bei Dir?"

„Was fragſt Du, Geſell?" rief Amalaſwinth auflodernd entgegen. „Vergiſſeſt Du, daß Du mir blinden Gehorſam gelobt? Nur wenn Du Deine Zuſage getreulich erfüllſt, ver- mag der Zauber zu wirken, den ich Dir verhieß!"

„Ich frage nicht mehr," ſagte Markulf haſtig, „ich baue auf Dein Wort, Herrin... aber ich weiß ſelbſt nicht, wie es geſchieht ... je näher der Augenblick heran kommt, deſto dringender ruft es in mir und will mich warnen, als ob Du Arges im Sinne trügeſt!"

„Schwachmüthiger Thor," entgegnete ſie, indem ſie näher zu ihm trat und ſich ſo eng zu ihm niederbeugte, daß ihr glühender Athem ihm die Wange ſtreifte. „Du weißt, was in Deinem eigenen Herzen vorgeht und vermagſt nicht, ein anderes zu errathen? So wiſſe denn — was Du für

6*

jene Dirne empfindeſt, fühle ich für dieſen Jüngling, der mich verſchmäht! Ich kann nicht leben, kann nicht ſterben ohne ihn: darum bin ich ihm von Pavia bis hieher gefolgt — darum habe ich ihn durch Dich hierher gelockt, in dieſe Einöde, wo nichts ſich mehr eindrängen kann zwiſchen ihn und mich ... wo er meiner Gewalt nicht mehr widerſtehen kann: wo er mir gehören muß — mir für immer! Glaubſt Du, wenn ich nicht am gleichen Siechthum krankte, ich wäre ſo leicht bereit geweſen, Deinen Schmerz zu heilen? ... Geh' denn und vollende; die günſtige Stunde winkt für mich und Dich!"

Ohne Erwiderung eilte Markulf hinweg und verſchwand hinter dem Geklüft, aus dem er aufgetaucht war: Amalaſwinth ſah ihm mit ſiegblitzenden Augen nach. „Verbirg Dich, mein Genoſſe," rief ſie Alboin zu, „halte Dich bereit, zu voll- bringen, was Du unausgeſprochen weißt — Dein Lohn ſoll eines Königs würdig ſein!"

Sie ſtieg in die Höhle hinab, der Alte war kaum unter die Felſen geſchlüpft, als Markulf wieder ſichtbar wurde und die Hand zurückreichend, dem Prinzen auf die Höhe half, der, das Angeſicht rothglühend von der Hitze und der Mühe des Steigens, ſich auf den letzten Zacken ſchwang. Dort ſtehend, lüftete er den Hut von dem wallenden lichtbraunen Haar und ließ den friſchen Bergwind um die triefende Stirne ſpielen.

„Thut das nicht, Herr," rief Markulf abwehrend, „drückt lieber den Hut noch tiefer in die Stirn — die Luft weht hier wie Eiseshauch, Ihr könnt den Tod davon haben! Kommt hier hinter die Felſen, ſie halten den Luftzug ab — verfühlt Euch, eh' ich Euch in die verſprochene Wunderhöhle geleite, wo ich Euch ein Jägermahl von Genoſſen bereiten ließ."

„Es wird mir hoch willkommen sein," sagte Dietwalt lachend, „so jung ich bin, hab' ich doch schon Manches ertragen im Waffenspiel zu Schimpf und Ernst und im edlen Waidwerk — allein der Jägerei, wie sie in diesen Gebirgen heimisch ist, bin ich ungewohnt und muß bekennen, daß mich nach Erquickung verlangt und nach einiger Ruhe ... Welch' ein Anblick!" fuhr er fort und schaute, sich umwendend in die ungeheure Fernsicht hinaus, die sich eben jetzt in vollster Klarheit ausbreitete: die steigende Sonne hatte die letzten Nebelgewölke vernichtet und das riesige Gemälde, noch vom Glanze des Mittags nicht verhüllt, lag strahlend da in der hellen duftigen Morgenfrische. Das Auge unterschied weithin in verschwimmender Ferne das grünende Gelände, von dunklen Waldstreifen durchschattet, mit glänzenden Wasserbreiten und schimmernden Strombändern wie mit kräftigen Lichtern besetzt. Zur Seite waren die Thore der Bergwelt weit aufgethan, Fels stieg an Fels, Berg an Berg, Eiskoloß an Eiskoloß unabsehbar empor, als wären es gewaltige Stufen, die nacheinander empor führen wollten zu einem Throne — dessen Baldachin der Himmel selber war.

„Wie schaurig," rief der Prinz, „und doch wie schön! Das ist ein Anblick, mit dem man erst vertraut werden muß! Ich werde diese Berge öfter besteigen und meinen Vater bitten, daß er mir erlaubt, länger in ihnen zu weilen! ... Was ist das?" unterbrach er sich selbst und zeigte nach rückwärts gewendet, auf einen sich breit hin ziehenden dunkelgrauen Streifen, der sich auf dem herüberragenden Tauern in wildem ununterscheidbarem Gewirre dahin streckte.

„Das ist das steinerne Meer," erwiderte Markulf, „eine schier unwegsame Felsenwildniß! Vor Jahrhunderten ist dort ein Gipfel des Tauern eingestürzt, und hat die Schlucht ausgefüllt und Stunden weit Alles mit Trümmern überdeckt."

„Der Name ist gut gewählt," sagte der Prinz und ließ den Blick sinnend auf der Steinwildniß ruhen. „Es sieht sich wirklich an, wie ein Meer ... wie ein im vollen Sturm und Aufruhr begriffenes Meer, das mitten in seinem Toben mit allen Wellen und Wogen erstarrte! Mir ist, als kennte ich ein solches Meer ... ein in der Leidenschaft zu Stein gewordenes Herz ..." Es mochte eine schmerzliche Anwandlung sein, was durch die Seele des Prinzen ging, denn ein tiefer Athemzug, der fast wie ein Seufzer klang, drängte sich aus seiner jungen Brust: wie um sich selbst von diesen Bildern und Gedanken abzubringen, blickte er unter den naheliegenden Felsen herum und rief lachend: „Doch ich gewahre noch immer den Eingang zu der verheißnen Höhle nicht und schäme mich nicht, zu sagen, daß es mich wieder bringlich an das Mahl erinnert, das sie bringen soll ..."

Markulf trat zu dem Spalt, der in das Innere des Berges führte. „Hier ist der Eingang," sagte er. „Seid Ihr aber auch völlig verkühlt, Herr — es ist dumpf und schaurig in dem Steingewölbe ..."

„Wie bist Du doch so sorglich, Gesell!" sagte Dietwalt. „Bist Du mir so zugethan?"

„Ja, Herr," rief Markulf mit Wärme, „ich freue mich jetzt, daß der Herzog mich zu Eurem Führer machte! Ihr seid so freundlich, so leutselig — ich möchte wohl immer in Eurem Gefolge sein!"

„Dazu kann Rath werden — auch Du gefällst mir und ich will es Dir gedenken, wie sorgsam Du mich geleitet hast und wie treu!"

Wie ein Dolchstoß traf das Wort in Markulfs bewegtes

Gemüth: er erröthete vor sich selbst, als der Prinz ihn ob
seiner Treue rühmte, da er den Arglosen doch nach geheimnißvoller Absicht einem unbekannten Ziele entgegenführte, das
ihm noch nie so unheimlich erschienen war, als gerade jetzt
im Augenblicke der Entscheidung. Ohne selbst recht zu wissen,
was er that, war er vor den Höhlenspalt getreten und
machte eine Geberde, als wollte er den Prinzen von dem
Eintritt zurückhalten. Dieser aber drängte ihn mit heiterem
Lachen bei Seite.

„Was ist Dir doch, wunderlicher Geselle?" rief er.
„Gehabst Du Dich doch, als stünde mir da drinnen ein
Unheil bevor und nicht ein fröhliches Jägermahl! Oder
glaubst Du, ich scheue mich vor dem dunklen Eingang, der
in unbekannte Räume führt? Ich weiß nicht, was scheuen
und sorgen heißt, mein junger Freund ... ich habe immer
fröhlich genossen, was mir die Stunde bot und habe nicht
gefragt, was wohl die nächste bringt! Rasch hinein — ich
kenne keine Sorge!"

„Die sollt Ihr auch an meiner Seite nicht befahren!"
rief Markulf herzlich. „Steigt immer hinab in die Höhle,
Herr — Euer treuer Führer ist bei Euch..."

Prinz Dietwalt war während der letzten Worte bereits
in den Felseneingang hinabgestiegen; rasch folgte Markulf —
wenige Augenblicke später ward hart neben der Spalte, tief
an den Boden hingedrückt, das graubärtige Antlitz des
alten Longobarden sichtbar, wie der Kopf eines in sicherem
Versteck auf seine Beute lauernden Raubthiers.

Staunend blickte der Prinz um sich und maß mit be-
wundernden Blicken das ungeheure Felsengebäude. „Du hast
nicht zu viel gesagt, Gesell," rief er, „das ist eine Halle,

die eines Königs nicht unwerth wäre! Es ist kaum glaublich, daß solch' ein Werk entstanden ohne Menschenhilfe!"

„Mein Vater sagt, die Zwerge haben es gebaut," erwiderte Markulf, „der König der Schwarz-Alfen hatte hier sein Reich, bis ihn die Christenpriester drüben in der Salzburg fortgebannt... Im Verborgenen aber hausen sie noch immer hier und Mancher, der durch's Gebirge geht, hört es, wie sie hier schalten und rumoren, und mit ihren Hämmern an's Gestein schlagen..."

„Der Ort ist wahrlich angethan, an solch' Heiden-Mährlein zu gemahnen!" erwiderte Dietwalt, in dem Gewölbe hin und wieder schreitend. „Wäre die Mühsal nicht zu groß, ich würde meinen Vater bereden, mit herauf zu steigen und das Wunderwerk auch zu beschauen! Es ist, als wär' es der Saal in der Burg eines riesigen Nordlandfürsten aus heiligen Bautasteinen gefügt ... hier an der Säule könnte der Thron gestanden haben und dort durch die Felsenöffnung sah er wie von einem Söller hinunter in sein fabelhaftes Reich ... Und hier," fuhr er fort, indem er an einen tischartig geformten Block trat, „hier ist uns noch etwas von seinem Königsmahle übrig geblieben!"

Auf dem Steine stand ein Krug nebst Becher, daneben lag Brod und zierlich geschichtet Stücke Wildfleisch.

„Oder," rief der Prinz wieder, „ist dieß vielleicht der Palast, in dem eine Walküre haust? Oder eine der Nornen, die den Faden spinnen zu des Menschen Leben und Geschick?" Er hatte den Becher gefüllt und erhob ihn ... „Diesen Willkomm-Trunk dem Gebieter des Hauses! Traun, ich möchte wohl wissen, wer mein Wirth und Gastfreund ist..."

„Ich!" antwortete es dumpf von dem Eingang der Höhle her, und eine dunkle Gestalt erschien vor demselben.

„Amalaswinth ...“ stammelte Dietwalt erbleichend und unberührt entglitt der Becher seiner bebenden Hand.

„Du hast Recht geahnt!“ rief die Longobardin. „Du hast Dich bei der Walkyre zu Gaste geladen — bei der Norne, die den Faden spinnt zu des Menschen Leben und Geschick ... der Deine ist abgesponnen und reißt entzwei!“

„Ha, Schändliche,“ rief der Prinz und erglühte in Unmuth, wie er zuvor vor Ueberraschung erblichen war, „so bin ich durch Dich in einen Hinterhalt gelockt? Und Du, Markulf, treuloser Schalk, hast mich hergeführt? Du bist im Bunde mit meiner grimmigsten Feindin?“

„Feindin?“ stieß Markulf hervor, der mit fliegendem Athem und brennenden Blicken, einem stoßbereiten Geier gleich, jedes Wort, jede Bewegung belauscht hatte. „Was sagst Du, Herr? Sie, die Dich zu lieben schwur, Deine Feindin?“

„Die mich geliebt und doch meine Feindin geworden! Die durch meinen Tod sich rächen will für die verschmähte Liebe!“

„Lüge nicht in Deiner letzten Stunde,“ rief Amalaswinth feierlich — „nicht die verschmähte Liebe will ich rächen, wohl aber die verrathene! Nicht ich bin es, nicht fremde Treulosigkeit — der eigene Verrath ist's, der Dich in's Verderben stürzt!“

„Wie?“ unterbrach sie Markulf, aus einer Art Betäubung erwachend, „so hast Du Dein Spiel mit mir getrieben, furchtbares Weib? Hast mich betrogen und zum Werkzeug Deines Hasses und Deiner Rache zu Deinem Mordgesellen gemacht? Fahre hin, Verrätherin, ich zerreiße die Genossenschaft mit Dir — und ist meine Liebe der Preis, den es mich kostet, mich von Dir zu befreien — nimm das Zeichen meines Gelöbnisses, nimm Deinen Zauber zurück ...

ich verschmähe ihn! Gib den Weg frei, Mörderin, oder mein Dolch bricht uns die Bahn..."

Mit kräftigem Griff hatte er die Schwanenfedern vom Hute gerissen und weggeworfen; das breite Gürtelmesser in hoch erhobener Hand stürzte er auf Amalaswinthe zu; diese aber hatte den Vorsprung benützt, sich rasch emporgeschwungen und stand bereits in der Eingangsspalte — der Block, der zum Antritt gedient, kollerte, von ihrem Fußstoß geschleudert, zur Seite ... wer nachklettern wollte, mußte Zeit und Mühe aufwenden, bis es möglich war, die Oeffnung zu erreichen ...

„Glaubst Du," rief die Longobardin zurück, „für derlei wäre nicht vorgesorgt? — Versuch' es, mich zu treffen — ich lache Deiner, Du Thor! Ich hatt' es gut mit Dir im Sinn — aber wenn Du Dich von mir lossagst, so habe was Du begehrt und theile das Geschick Deines Herrn! Du aber, meineidiger Verräther, überlege und bereue, was Du mir gethan ... Du hast Zeit dazu, bis Hunger und Verzweiflung Dich zwingen, Dein falsches Gehirn an diesen Felsen zu zerschmettern! Du hast, als ich im größten Schmerze zu Dir gefleht, keine Antwort für mich gehabt: ich habe Dir gelobt, daß ich Dir das vergelten will ... Wohlan, das ist Amalaswinthens Antwort!"

Sie verschwand vom Eingange, das von Markulf nach ihr geworfene Dolchmesser prallte am Gestein zurück — mit donnerähnlichem Gepolter wälzte eine finstere Masse sich heran — der Block vor dem Thore legte sich dicht vor dasselbe und versperrte den Weg für immer ... das Licht fand keinen Raum mehr, von dieser Seite einzudringen und das schauervolle Halbdunkel einer Gruft legte sich wie ein Todtentuch über die lebend Begrabenen. — — —

— — — Zur selben Zeit, als auf dem Gipfel des Gebirges Wuth, Schrecken und Entsetzen hausten, waltete unten im Thale, auf dem kleinen grünen Seegelände der tiefste, heimlichste Frieden: es war eine kleine schuldlose Welt, ohne Ahnung, wie nahe, wie furchtbar die Schuld bis an ihre Umgränzung vorgedrungen. Von keinem Hauche geschwellt, spiegelgleich, lag das Wasser da und nahm freudig den Himmel in seinem Busen auf, den es eine lange Nacht entbehrt und der nun in erhabener Ruhe herniederschaute, während an den Bergwänden die letzten Trauerstreifen des Nebelschleiers zerflatterten. Auf dem grünen Plan der Walchen=Almende wanderte das Weidevieh gemächlich durch das Gras, oder lag wiederkäuend in behaglicher Ruhe. Von Zeit zu Zeit ward Placida an der Thüre der Sennhütte sichtbar, eine der Kühe herauszulassen, wenn sie von ihrem Milchreichthum befreit war.

Das Mädchen war zur Arbeit rüstig angerichtet; das weiße, hochaufgebundene Gewand schürzte sich kaum bis unter's Knie und reichte an den Armen nur wenig über die Schultern herab — um Leib und Brust waren die weitern Theile des Kleides, besonders die Aermel, übereinander genestelt, die freie Bewegung nicht zu stören. In gewohnter Weise ging sie der gewohnten Arbeit nach, ruhig und gleichmäßig, ohne Unruhe, ohne Hast — nur bei schärferer Beobachtung wäre nicht zu verkennen gewesen, daß die feine Blässe ihres Angesichts vielleicht noch um einen Ton tiefer verblichen war, daß die dunklen Augen nicht ganz so frei blickten, wie einst, sondern wie durch einen trüben darüber gebreiteten Flor. Manchmal auch stand sie mitten in ihrem Wege still und führte die Hand an's Herz, als töne darinnen noch ein Nachhall des Gewitters fort, das vor wenig

Tagen durch dasselbe getobt und wie Hagelschlag Blüthen
und Blätter niedergeschlagen, und das junge Bäumchen selbst
in seiner Lebenskraft getroffen, vielleicht um sich nie wieder
zu erholen. Das waren aber nur Augenblicke; schnell besann
sie sich wieder und richtete das schöne, noch eben thränen-
feuchte Auge getrocknet und getröstet zum Himmel auf.

Am Strande des See's lag noch der Kahn, in dem sie
Abends zuvor wieder hereingerudert --- aus der einsamen
Romsau zur noch einsamern Walchen-Almend.

Es bot einen scharfen Gegensatz, als jetzt Amalaswinth
denselben Bergpfad herankam, auf welchem wenige Tage vorher der alte Chriembert gewandelt war. An derselben Stelle,
wo der Alte die verhaßte Walchendirne belauscht hatte, stand
sie jetzt und blickte finsteren Auges auf das arglose Mädchen,
das sie so freundlich beherbergt, in dessen Brust sie einen so
tiefen geheimen Blick gethan und in dessen Geschick sie so
achtlos eingegriffen mit frevelnder Hand. Das lichte Bild
vor ihr warf einen düsteren Schatten in ihre Seele; es regte
sich leise etwas in ihr, wie das erste fast unmerklich keimende
Samenkorn einer spät, aber gewiß reifenden Reue.

In wildester Erregung, beinahe fliegend im Gefühl
vollständig befriedigter Rache war Amalaswinth den Kaunstein
hernieder gestürmt, kaum wissend und nicht beachtend, wie
der mühevolle und keineswegs gefahrlose Pfad über ihrer
Eile sich zu kürzen und zu ebnen schien: als sie in die ebene
tannengrüne Fischunkel herab gekommen und den gegenüber
liegenden Bergpfad entlang langsamer fortschreiten konnte
— als es keine Hindernisse mehr zu beseitigen, keine Schwie-
rigkeiten zu überwinden gab, ward mit ihrem Vorschreiten
auch der Lauf ihres Blutes langsamer — dem Bergwasser
ähnlich, das in gähem Falle tosend und schäumend über den

Felsen stürzt, und am Fuße desselben durch die minder ge-
senkte Flur so gelassen und ruhig dahin rinnt, als hätte es
nie an Schäumen und Tosen gedacht. Der Augenblick des
Vollbringens, auf den sie so lange geharrt, bis zu dessen
Eintreten alle ihre Gemüthskräfte sich in fieberischer Anspannung befunden, hatte sie überwältigt: nun war es vollbracht
— was sie gewollt, lag als ein Erreichtes hinter ihr und
zum Erstenmale gewahrte sie vor sich nichts mehr — nichts,
als eine düstere trostlose Leere, nur von einem fernen winzigen
Glutkern erhellt, der nur des Hauches harrte, zur Flamme
zu werden. Der süße Trank der Rache war ausgekostet,
die Betäubung, mit der er sie umfangen, war verflogen, und
sie fuhr erwachend aus ihr empor mit nüchternen Augen und
verstörtem Sinn. Ohne es sich selbst zu gestehen, fühlte sie
eine Ahnung dieses Zustandes in ihr aufdämmern, als sie die
Ruhe in Placida's Antlitz, als sie den innern Frieden gewahrte, der über ihr ganzes Gebahren ausgegossen war —
die arme Dirne, die ihre Liebe, das Glück ihres Lebens in
sehnsüchtigen Schmerzen dahin gegeben, sie hatte Frieden: die
glänzende mächtige Herrin, die in wollüstigem Entzücken das
höchste Verlangen ihrer Seele an sich gerissen — sie fühlte
sich unbefriedigt, verstört und arm. „Thorheit!" murmelte
sie, die rothen Locken schüttelnd, in sich hinein, „das ist nicht
der armseligen Dirne Werk, nicht ihr Verdienst! Stumpf
ist sie, fühllos und kalt — hätte sie sonst vermocht, ihre
Liebe dahin zu geben, um einen ungerechten Wahn zu schonen!
Mag der Schwache im Staube sich glücklich preisen, daß der
Blitz ihn nicht erreicht — der Starke fliegt ihm trotzig in
den Himmel entgegen und wär' es der Untergang!"

Der frühere Triumph kehrte in Blick und Haltung
zurück und mit siegesstolzem Trotze wandte sie das Auge dem

Horn und dem Geschröfe des Raunsteins zu, an dessen steilster
Wand in schwindelnder Höhe das Fenster der Felsenhöhle
zu erkennen war — aus solcher Entfernung nicht anders er-
scheinend, als in Form eines dunklen ununterscheidbaren
Flecks.

„Wir zögern, Domina," sagte Alboin, der ihr eine
Weile zugesehen, „und wir haben doch keine Zeit zu verlieren . . . Wenn das Gefolge des jungen Fürsten, wenn
andere Leute uns begegnen, und Auskunft heischen . . ."

„Glaubst Du, ich würde ihnen ausweichen?" fragte
Amalaswinth mit ihrer alten stolzen Kälte. „Glaubst Du,
ich würde die Auskunft verweigern? Ich möchte lieber hin-
treten vor alle Welt und offen sagen, was ich gethan!
Es ist mir allzu stumm, allzu todt in diesen Felsthälern —
ich möchte mit meinem Worte ihre Stimme, den Wiederhall wach rufen, damit er es von Berg zu Berg schreie und
hinaus in die Lande, ich habe mein Herz gesättigt und meine
Rache mit! . . . Aber Du hast Recht: noch will, noch darf
ich nicht gesehen sein, damit Niemand zu frühe erfahre, was
geschah . . . damit meine Nähe keinen Verdacht errege, wo
es geschehen und auf die Spur führe, so lange noch eine
Rettung möglich wäre . . ."

„So laß uns eilen, aus dem Bereiche dieser Schluchten
zu kommen," begann Alboin wieder. „Wenn das Gefolge
ihn am Watzmann nicht findet, wird es sicher auf allen
Wegen suchen und auch hieher kommen! Dort liegt ein
Nachen — die Dirne soll uns über den See hinausführen!"

Ein Blitz fuhr aus Amalaswintha's Augen. „Ja, das
soll sie!" rief sie aufjubelnd. „So vollend' ich meine Rache
noch an dem Elenden, der mich verrathen wollte — sie selbst,
die sich für den Geliebten geopfert — sie soll Diejenige retten,

die ihn ihr ganz entriſſen hat! Sie mag es bewähren, ob dieſe Entſagung wahrhaft iſt . . . ob dieſe Ruhe Stand hält vor dem letzten, dem gewaltigſten Schlage!"

Placiba war mit dem Milchgeſchirr an's Geſtade hinab-gegangen; zum Waſſer niedergebückt, gewahrte ſie Amalaſwinth's Herankommen nicht eher, bis ſelbe mit dem finſter blickenden Waffenmeiſter hart ihr zur Seite ſtand.

Ueberraſcht — betroffen ſprang ſie auf und ſtarrte die unerwartete Erſcheinung mit Blicken an, als ahne ſie, welch' unheimliche Gewalt ihr genaht. „Du hier, Herrin?" fragte ſie halblaut. „Was führt Dich in meine Einſamkeit?"

„Was ſonſt," erwiderte Amalaſwinth mit erzwungenem Lachen, „als die Luſt am Waidwerk? Das Gefallen an dieſen wilden Bergen und Waſſern? Ich habe mit meinem Gefährten einen Gang über die Höhen gemacht und will nun zurück. Darum richte Deinen Kahn zurecht und rudere uns hinaus über den See . . ."

„Du hier . . ." wiederholte Placiba vor ſich hin und vermochte den Blick noch immer nicht abzuwenden von dem Antlitz der Longobardin, das trotz künſtlicher Freundlichkeit wie mit Wetterwolken bedeckt ſchien. „Wie Du auch hieher kommſt, Herrin, und was Dich hergeführt — ich kann Dich nicht fahren, ich bin allein und muß bei meiner Heerde bleiben. Gedulde Dich bis zum Mittag, bis dahin kommt wohl der Eine oder der Andere von den Holzfällern vom Gebirg herunter . . . ich will Einem den Kahn leihen, daß er Dich hinaus führt . . ."

„So lange will die Domina nicht warten," fiel auf-brauſend Alboin ein, „mache keine Ausflüchte, Dirne — Deinem Vieh wird in den paar Stunden kein Leid geſcheh'n! Alſo rüſte Dich oder wenn Du nicht willſt, nehm' ich den

Nachen und fahre selbst . . . Ich werde wohl im Stande sein, mit diesem Bergsee fertig zu werden — ich habe mehr als einmal mit dem stürmenden Meere gekämpft!"

Er sprang dem Nachen zu, aber Placida war noch schneller gewesen — schon stand sie vor dem Fahrzeug, hatte ein in demselben liegendes Beil ergriffen und schwang es zu Drohung und Abwehr über dem Haupte . . .

Laut auf lachte der Alte. „Du willst Dich gegen mich zur Vertheidigung stellen, thörichte Dirne?" rief er, „Du Zärtling, die ich zermalme mit einem Druck meiner Hand? Hinweg, oder . . ."

Er wollte nach ihr fassen, aber im selben Nu war auch der Beilhieb niedergesaust — nicht auf das Haupt des zurück Taumelnden, sondern auf den Boden des Schiffs: eine weite Spalte klaffte im Boden und sprudelnd drang das Wasser ein.

„Hier habt Ihr den Nachen," sagte Placida und wollte gehen, „ich wehr' ihn Euch nicht mehr!"

„Du bist zu heftig, Alboin," rief Amalaswinth, bebend vor Grimm, aber mit gewaltsamer Mäßigung. „Dein vorschnell Wesen hat das schüchterne Dirnlein erschreckt, daß sie erst recht sich scheut, uns zu dienen und uns wohl gar für Räuber hält!"

„Ich weiß nicht, was Du bist," entgegnete Placida gelassen, „begehre auch nicht, es zu erfahren . . . aber diese gewaltsame Eile dünkt mich verwunderlich und der ist mir ein unheimlicher Gast, wer aus dem Hause, das ihn wirthlich beherbergt, vor Tagesgrauen sich fortstiehlt, wie das böse Gewissen! Du sagtest, Du seist auf der Kauffahrt nach Regensburg zu Deinem Eheherrn und begegnest mir nach wenig Tagen hier in der Wildniß, wohin keine Heerstraße und kein Saumpfad führt? Mag sein, Herrin, daß ich all' das nicht begreife, weil ich weltfremd bin und unerfahren — aber von mir begehre nicht, daß ich Deine Wege theile oder Dich auf ihnen leite!"

„Und dennoch wirst Du es thun, Thörin!" rief Amalaswinth, unfähig, sich länger zu bemeistern. „Ich will fort von hier und Du wirst mich führen! Da Du es selbst unmöglich gemacht hast, auf dem Nachen zu enteilen, wirst Du mir den nächsten Weg über die Berge zeigen..."

„Du weißt bereits," sagte Placida, „daß ich meine Heerde nicht verlassen kann — Gedulde Dich, dann wird der Führer nicht fehlen... Aber was ist das?" fuhr sie auf, wie von einer plötzlichen Erleuchtung durchzuckt. „Warum wendet Dein Blick sich immer wieder dahin nach den Schrofen des oberen See's? Was kommt Dein Auge vom Kaunstein nicht mehr los, als wär' es dort oben, wohin Dich Besonderes zieht oder woher Dir Gefahr droht?... Ich les' es in Deinem unglückseligen Angesicht... Du hast Arges im Sinn oder Du hast etwas Furchtbares begangen! Wenn Du vom Kaunstein kommst, wo sind die beiden jungen Männer, die ich noch kurz den Pfad hinanklimmen sah? Heiliger Gott... Dein Auge sagt mir, Du weißt, wo sie sind! Es ist ihnen Unheil begegnet — durch Dich, durch Dich!"

„Bist Du so weissagenden Geistes?" höhnte Amalaswinth. „Wohlan, so laß Dir auch verkünden, was mit dem Prinzen und Deinem Buhlen geschehen! Laß Deinen Geist sie finden, ich weiß, daß sie wohl geborgen sind und von Sturm und Wetter sicher nicht zu leiden haben!"

Ein wilder, langgezogener Ton dröhnte durch die Berge.

„Hörst Du das Stierhorn, Domina?" drängte Alboin, „das wird ein Zeichen für die vermißten Gefährten sein! Sie rufen einander zu und können bald hier sein! Eilig fort, ihnen

7

nicht zu begegnen! Komm — ich unternehm' es wohl, den
Weg selbst zu erkunden!"

„Und diese hier soll zurück bleiben?" rief Amalaswinth
wüthend. „Soll den Weg anzeigen, den wir genommen?
Soll die Suchenden auf die Spur meines Opfers führen und
das Werk meiner Rache wieder vernichten?"

Der Hornruf ertönte näher — der Wiederhall gab ihn
zurück: auch vom See her erklang es, als würde mit einem
anderen Horne zur Antwort geblasen.

„Fasse die Dirne, Alboin," rief die Longobardin wieder,
„will sie nicht unsere Führerin sein, so will ich sorgen, daß
sie uns wenigstens nicht zu verrathen vermag! Wir schleppen
sie mit uns und draußen wollen wir sie fest und sicher ver-
wahren, bis der sichere Tod die Rettung unmöglich gemacht
hat ... dann soll sie frei sein, soll hingehen und verkünden
was sie weiß!"

Der Uebergewalt des riesigen Mannes preisgegeben,
fühlte Placida sich rasch um die Hüften gefaßt und trotz
ihres schwachen, bald ermattenden Widerstandes zum Fuß
des ansteigenden Berges in den Wald geschleppt, der die
Fliehenden bald dem Auge der spürenden Jäger verbergen
sollte. „Herr und mein Heiland!" flüsterte sie mit fast ver-
gehenden Sinnen aber mit gläubiger Innigkeit in sich
hinein ... „du siehst mein Herz! du weißt, daß ich ihm auf-
richtig entsagt habe ... ich begehre ihn nicht für mich! Hilf,
o Herr, laß ihn nicht verloren sein für seinen alten Vater,
der ihn so unsäglich liebt! Laß' ihn nicht elend — vielleicht
in Verzweiflung enden! Hilf — gieße mir einen Funken
Deines Lichts in die Seele!"

Schon waren sie zwischen den Felsen einer schroff ansteigenden Schlucht angelangt, sie führte nach der hintern

Seite weiter den Berg hinan, nach der vordern mündete sie in eine schmale Hochplatte aus, von welcher die Felswand thurmtief und senkrecht in den unergründlichen See abstürzt.

Im Vorbeidrängen öffnete sich eine eingesprengte Kluft und gewährte die Aussicht auf das ruhige Gewässer — es war nur Ein Blick, aber er genügte, um zu zeigen, daß neben der Felswand etwas, was wie ein Fahrzeug aussah, hervorgeschwommen kam...

Im nächsten Moment war der Ausblick wieder verschlossen.

„Herr — mein Heiland, ich danke dir," rief Placiba, indem sie plötzlich mit unerwartetem und deßhalb unwiderstehlichem Aufwand aller Kräfte sich aus Alboins Händen losrang und ihn zurückstieß. Pfeilschnell stürmte sie zwischen dem Gestein hinan — vergebens versuchte Amalaswintha zu folgen: vergebens schleuderte Alboin seinen Speer der Fliehenden nach, er prallte am Felsen ab, hinter welchem eben Placiba verschwunden war, um in der nächsten Sekunde hoch oben auf der Platte zu erscheinen.

„Sucht selbst den Pfad," rief sie den Verfolgern zurück, „ich will meine Freunde zum Leben führen oder in den Tod ihnen folgen ... Gott ist mit mir und hält seine Hand über die Unschuld!"

Den begeisterten Blick wie die Arme hoch zum Himmel erhoben, stand sie da und sprang mit kühnem Ansatz über die Hochplatte hinaus in den See ... Weithin flatterte im Sturz ihr weißes Gewand, die Aermel hatten sich losgelöst und schwebten über der Sinkenden, wie die schimmernden Flügel eines Schwanenhembds.

7*

V.

Sanct Barthelmä.

Das Grauen des Todes und der Schatten des Grabes lagerten auf der einsa.nen Felsenhöhle des Kaunstein.

Prinz Dietwalt lehnte am Gestein der Wand regungslos, als wäre er ein Theil derselben: wie ein Todter ausgestreckt, stumm und starr, lag Markulf auf den Felsen des Bodens. In der ersten Zeit, als er die Unmöglichkeit des Entrinnens erkannt, war der junge kräftige Bauer in einen Sturm von Verzweiflung und Jammer ausgebrochen, der die volle Leidenschaftlichkeit seines Gemüthes verrieth: es war, als hätte gewaltsam aufgestautes Wildwasser endlich alle Dämme und Schleusen zerrissen und ergieße sich nun in schrankenloser Wuth, Alles vor sich niederwerfend und mit sich fortreißend. Er zerraufte sich das Haar im Grimm, daß es einem solchen Weibe mit so leicht durchschaubaren Ränken gelungen, das Geheimniß seines Lebens zu errathen und ihn mit so grober List zu ihrem Zwecke zu mißbrauchen: er rang sich die Hände wund vor Verzweiflung, wenn das Bild des Vaters vor ihm erschien, dessen graues Haar er

mit Schande überhäuft, dem er einen Verbrecher und Mord=
gesellen zum Sohne gegeben ... seine Augen strömten über
von Thränen der Wehmuth und des bittersten Schmerzes,
wenn er, dem frühen furchtbaren Tode gegenüber, des eigenen
jungen Lebens, seiner freventlich dahin geworfenen Kraft
gedachte — wenn die Erinnerung jener Liebe vor ihm aufstieg,
die zu erringen er sich in diesen Abgrund gestürzt, und der
er dennoch auch jetzt nicht zu entsagen vermochte — unberührt
von allem Groll stand Placiba's reine Gestalt vor ihm und
das verklärende Licht der Entsagung, das sie umgab, diente
nur, ihm die Finsterniß noch greller zu zeigen, die über ihm
zusammengeschlagen. Die Erschöpfung, das Uebermaß des
Leidens hatte ihn zuletzt gebrochen und niedergeworfen.

Aus seinen verwirrten Ausrufungen, aus den schmerzlich
abgerissenen Selbstanklagen erfuhr der Prinz erst den völligen
Zusammenhang und Verlauf der Ereignisse: er begriff jetzt,
wie es ein wohl bedachter, lang ausgesonnener und mit kalter
Ueberlegung ausgeführter Plan war, dem er zum Opfer ge=
fallen. Darum erkannte er auch mit aller Bestimmtheit, daß
es einem so klug vorbereiteten Ueberfalle gegenüber nutzlos
war, auf einen zur Rettung offen gebliebenen Ausweg zu
hoffen: daß es männlicher und gerathener war, rasch und bald
je den Gedanken des Entrinnens von sich zu werfen. Fühlte
er auch seine Adern bei dieser Gewißheit von eisigen Schauern
durchrieselt und sein Herz eingeklemmt wie unter einer zer=
malmenden Bergeslast, war er doch gelassener und gefaßter,
als bei seinem sonstigen leicht erregbaren Wesen zu erwarten
war, und während Markulf gleich einem Rasenden wider
die Felsen stieß und gegen den, die Eingangsspalte ver=
schließenden Block tobte, bis er in lebloser Betäubung zu=
sammenstürzte, brach der Prinz schweigend auf ein Felsstück

zusammen, die beiden Hände vor's Angesicht schlagend: nur die Tropfen, welche einzeln sich zwischen den Fingern hervorstahlen, waren die verrätherischen Zeugen der Erregung, von der bei der völligen Ruhe des Aeußern sein Gemüth ergriffen war.

Nach einiger Zeit der Ruhe und Sammlung erhob er sich mit entschlossener Haltung und trat zu dem Genossen. „Steh' auf, Markulf," überlasse Dich nicht der Muthlosigkeit! Noch leben wir — laß' uns Männer sein, die ihr Leben zu schätzen und zu wahren wissen! Wir wollen uns nicht selbst aufgeben, ehe nicht das Aeußerste versucht ist!"

„Es ist nichts mehr zu versuchen, Herr," erwiderte Markulf düster, kaum vermögend, sich etwas emporzurichten... „Wir sind lebendig begraben!"

„Wenn wir mit meinem Gefolge nicht zusammentreffen," entgegnete Dietwalt, „wird man uns suchen..."

„Suchen — ja, aber nicht finden!" rief Markulf jammernd. „O, daß ich Euch selbst allen Trost nehmen muß! Daß ich es nicht vermag, auch nur einen Strohhalm zu bieten, an den Eure Hoffnung sich klammern könnte! Wie sollten Eure Leute ahnen, daß wir uns hier befinden? Am Watzmann werden sie Euch suchen und wenn sie Euch dort nicht finden, uns für verunglückt halten und verloren geben... Fluch über meine Leichtgläubigkeit," fuhr er in neu ausbrechendem Schmerze empor. „Fluch über mich selbst und über jedes unwahre Wort, das meine Lippe sprach! Ich habe der Lüge die Hand gereicht — sie faßt mich daran und reißt mich unerbittlich mit sich in die Hölle — mich, den Treulosen, den Verräther zu gerechter Qual und Euch, meinen edlen Herrn... Euch, der mir ohne Arg' vertraut... Euch, den Schuldlosen, mit mir!"

„Schuldlos?“ erwiderte der Prinz leise und sah mit scheuen Blicken um sich. „Sprich das Wort nicht aus, Geselle... es taugt nicht an diesen Ort! Schweige, die Felsen könnten es hören... ich fürchte, sein Hall könnte sie aus ihrem lockeren Gefüge rütteln, daß sie übereinander stürzend uns erst wirklich in sich begraben! ... Ich darf mich nicht schuldlos nennen — ich wage nicht, zu verdammen, was Du an mir gethan: Du warst nur das Schwert, das mich trifft, die Hand der rächenden Vergeltung ist's, die es schwingt und lenkt! Ich habe mit Liebe und Vertrauen, mit Treuen und Glauben an die heiligsten Betheuerungen ein frevelhaftes Spiel gespielt ... darum sind es das Vertrauen auf Dich, der Glaube an Deine Worte, die rasch gefaßte Zuneigung zu Dir, welche mich verderben und an mir zum Rächer werden! Darum komm, Genosse meiner Sühne, wie meiner Schuld und ermanne Dich! Ich ahne, wie Du, daß wir die Schwelle unseres Grabes überschritten haben — aber wenn die dunkle Pforte sich wieder für uns öffnen sollte, dann will ich dieser Höhle eingedenk sein und der Stunden, die ich in ihr vollbracht! Noch einmal, sammle Dich ... die Bosheit meiner Feindin hat uns mit Nahrungsmitteln versehen — wohlan, was sie gespendet, um tückisch unser Leiden zu verlängern, soll uns die Kraft geben, es zu enden! Du bist erschöpft, Markulf ... iß und trink, damit Du wieder Stärke findest und Besonnenheit ...“

„Ich bedarf dessen noch nicht,“ rief Markulf aufspringend ... „nehmt Wein und Brod für Euch, Herr... es ist wenig und ist lange verzehrt, eh' Jemand auf den Gedanken kommen wird, uns hier zu suchen!“

„Wir wollen rufen,“ sagte der Prinz, „durch den

Felsenspalt wollen wir den Suchenden, wenn sie in die Nähe kommen, zuwinken und ein Zeichen geben!"

„Es ist unmöglich . . . die Entfernung ist zu groß, die Höhe, in der wir uns befinden, zu riesig!" erwiderte Markulf, an die Oeffnung tretend. „Von hier bringt kein Ton zu den Lebenden hinunter oder er wird unverständlich, daß er un= beachtet bleibt unter den Thierstimmen der Einöde . . . Kein Zeichen ist von hier aus zu sehen . . . es würde verschwinden, wie der Flügel eines vorbeihuschenden Vogels . . . aber es sei, edler Herr! Ihr sollt mich nicht kleinmüthig finden! Ich bin es auch nicht — für mich allein bin ich wohl gefaßt, aber den Gedanken, daß es auch Euch treffen soll, vermag ich nicht zu ertragen! Ich will noch einmal versuchen, ob es nicht gelingt, irgendwo einen Ausweg zu erkunden . . ., ich will mich hier über den Felsen=Erker hinausschwingen und an der Steilwand hinunter klimmen . . . sie ist viel zerklüftet, daß Hand und Fuß wohl Platz findet, sich anzu= halten und aufzutreten . . ."

Mit gewandtem Sprunge stand er bereits auf der Stein= brüstung, den gefährlichen Weg auszuspähen, aber der Prinz hielt und zog ihn kräftigen Armes zurück. „Vergebens," rief er, „es geht senkrecht hinab, wie eine Thurmwand: Du müßtest die Krallen des Thurmfalken haben, Dich anzuklam= mern . . . der erste Schritt stürzt Dich hinunter und zer= schmettert Dich . . . "

„Und macht meinem Elend ein Ende!" stöhnte Markulf aus tiefster Brust: der Prinz aber legte ihm die Hand auf die Schultern und sagte leise: „. . . Und ließe mich allein in noch größerem Elend zurück!"

„Ja, Ihr habt Recht, Herr," rief Markulf feurig. „Euch gehör' ich an — Euch allein! So ist kein anderer

Gedanke mehr, als daß wir noch einmal versuchen, den Block am Eingange wegzubringen ... wohl hab' ich Schwert und Jagdspieß schon zerbrochen über der Arbeit: ich habe nichts als meinen Arm, aber der Stein soll hinweg oder meine Knochen sollen brechen!"

Stürmisch drang er wieder auf den Felsblock ein und stemmte sich, von Dietwalt unterstützt, mit aller Gewalt gegen denselben; die Sehnen der Arme schwollen, daß sie zu reißen drohten und der Schweiß troff ihm von der Stirne — umsonst: unbeweglich lastete das Gestein, nach kurzer Anstrengung mußten sie athemlos und erschöpft innehalten, um wortlos, regungslos in die frühere stumme Trauer und Verzweiflung zurückzusinken.

In der Höhle ward es noch düsterer, denn die Sonne hatte draußen die Mittagshöhe des Seethals und des Kaunstein überschritten und der Schatten breitete sich über dessen Gehänge ...

Stunden waren so dahin gekrochen ... da fuhr Dietwalt plötzlich aus der Erstarrung auf ... „Was ist das?" rief er mit erglühenden Wangen ... „Horch auf, Markulf! Mir ist, als vernähm' ich in dem Gestein ein Knistern, ein leises Rollen ..."

Auch Markulf hatte aufgehorcht. „Es ist nichts," sagte er dann, „die Felsen des Kaunstein sind wie lebendig und geben allerlei Ton von sich ... ich hab' es hundertmal gehört, wenn ich auf dem Waidgange war ... Es sind die Schwarzalfen, die unsichtbar an dem Gestein hämmern ..."

„Nein, nein," rief der Prinz aufspringend wieder, „das ist kein Geisterspuck! Höre nur, Gesell... das wiederholt sich! Es dauert fort... Ist es der nahende Tod, der mich mit Wahnsinn täuscht, oder sind das Schritte? ... Ewiger

Gott, es ist, es ist! Es sind Stimmen — Laute aus
Menschenbrust, was ich vernehme..."

„Wahrlich," flüsterte Markulf, um über dem Laut der
eigenen Worte nichts von dem Geräusche zu verlieren, das
auch ihm nicht mehr entging, „das sind Menschenstimmen...
Sind es unsere Verfolger, welche zurückkehren oder andere?...
Wer könnte sie hieher geleitet haben...?"

Beide schwiegen und lauschten angehaltenen Athems...
ferne, durch das Gestein gedämpft, ertönte es wie der lang-
gezogene Ruf eines Jägerhorns ... Aufjubelnd riß der
Prinz das Hüfthorn von der Seite und blies mit Macht
hinein, daß das Gewölbe wiederhallend erdröhnte...

Dann hielt er inne — einen Augenblick waltete drinnen
wie draußen das Schweigen des Todes — dann antwortete
von draußen das Jagdhorn immer lauter, immer näher
und Markulf stürzte zu des Prinzen Füßen, indem er dessen
beide Hände erfaßte und unter wieder strömenden Thränen
mit unzähligen Küssen bedeckte. „Sie sinds!" rief er außer
sich. „Gott weiß allein, wie sie uns gefunden... aber es ist
Euer Gefolge, Herr, — es sind Eure Retter! Ihr seid befreit — geht denn, Herr, und kehrt zum Licht zurück, mich
aber lasset hier, überlaßt mich dem Schicksal, das ich ver-
biene..."

Der Prinz zog den Reuigen an seine Brust empor.
„Erhebe — beruhige Dich," sagte er herzlich, „denke nicht
mehr an das, was uns zusammengeführt: ich habe es
bereits vergessen und Niemand soll von mir Anderes erfahren,
als daß es mein eigenes Verlangen gewesen, diese Höhle zu
sehen, von der Du mir erzählt! Ich selbst habe Dir befohlen,
mich einen anderen Weg als den auf den Watzmann zu
führen: meine Schuld allein ist es, daß ich dadurch in die

Fallstricke meiner Feindin gefallen ... Erwidere mir nichts — ich habe Deine wahre Gesinnung erkannt und weiß nun, wenn ich einmal in meinem Leben eines treuen Mannes bedarf, wo ich ihn zu suchen habe ... Komm, gereinigt und geläutert laß uns Beide aus unserem Grabe auferstehen ..."

Markulf vermochte nichts zu erwidern: das herannahende Stimmengewirr ließ ihm keine Zeit, die rechten Worte zu finden ... „Hörst Du," rief der Prinz wieder, „sie sind schon am Eingange ... sie haben unsere Spur ... sie arbeiten daran, den Block hinwegzuwälzen ... Er bewegt sich, er beginnt zu weichen ..."

Eine stumme athemlose Pause der Erwartung ... dann ein krachendes Gepolter — und ein Schrei des Entzückens begrüßte den Sonnenstrahl, der durch den Felsenspalt in die Höhle drang.

In wenig Augenblicken waren die Geretteten emporgezogen und der Prinz ruhte in den Armen des greisen Herzogs, die ihn nur losließen, um sie mit denen seines Bruders und der fröhlichen Gefährten aus Pavia zu vertauschen. Markulf taumelte, von Licht und Luft wie betäubt den Versammelten entgegen: er fand keinen Laut zu Gruß oder Dank und sank zu den Füßen einer feinen Mädchengestalt zusammen, in der seine verschwimmenden Augen Placida's unschuldsvolle Züge zu erkennen glaubten.

Mit fliegenden Worten erzählte der Prinz was geschehen, und vernahm die wunderbare Weise, wie es gekommen, daß er so bald vermißt worden und der Weg zur Rettung so schnell gefunden war. Der Diener und Begleiter des Prinzen, der am Eigelhofe das Gespräch mit der Longobardin vernommen, hatte darüber geschwiegen, bis er am andern Tage derselben in Verkleidung wieder begegnete. Dadurch aufmerksam

gemacht, spähte er ihrem Treiben nach und gewahrte zu
seiner Verwunderung, wie sie mit einem jungen Landmann
sprach und flüchtige Zeichen eines Einverständnisses wechselte.
Als er vollends am Morgen denselben Landmann in dem für
den Prinzen erwählten Jagdführer erkannte, mochte er bei
längerem Schweigen Gefahr für sich selber befürchten, und
entdeckte dem Herzog, was er erkundet. Dieser beschloß als-
bald, dem Prinzen nachzueilen, als wolle er selbst Theil
nehmen an dem ungewohnten Waidwerk in den Bergen und
sich den einsamen Wildsee wieder einmal beschauen. Auf
rasch herbeigeschafften Fahrzeugen ging die Fahrt in das
schweigende Gewässer hinein, der Almende am Fuße des
Watzmanns zu, denn auf diesem Berge sollte der Verabredung
nach die Jagd auf Steinböcke statt haben... bis der Schwan
von der Felswand herniedergeschwungen kam, in die unergründlichen Fluthen stürzend, um daraus wieder aufzutauchen
zu Warnung, Heil und Rettung, wie in den Mähren einer
untergegangenen Vorwelt.

„Nur durch dieß Mädchen,“ schloß der Herzog, „nur
durch ihren Heldenmuth, der sie im Kampfe mit dem Unrecht
selbst den Tod nicht scheuen und den entsetzlichen Sprung
wagen hieß — nur durch sie ward es uns möglich, Dich
aufzufinden, ehe Du in dem furchtbaren Gefängniß ver-
schmachtet bist oder in der Verzweiflung Hand an Dich selber
gelegt hattest... Wir hörten ihren Ruf hoch über uns,
sahen ihre Verfolger hinter ihr und sahen, von Staunen und
Entsetzen beinahe versteinert, wie sie vom Felsen sprang und
in die Seefluth niederschwebte gleich einem Geiste, von den
flatternden Enden ihres Gewandes wie von weißen mächtigen
Fittigen getragen... Wir bargen das vom Schrecken des
Falls, wie vom Ringen mit dem Wasser fast leblose Mädchen

im Kahn und trieben die Kähne zu schneller Landung an der
Wiesen=Almende; zu sich kommend, erzählte sie uns dort,
was ihr begegnet war und lenkte unsern Weg nach dem
Kaunstein, weil sie aus den Reden der Fremden entnommen,
daß sie Dich dahin gelockt und einem entsetzlichen langsamen
Tode bestimmt habe ... Mein reichlichster Dank soll ihr
dafür werden!"

„Aber wo ist die kühne Magd?" fragte umherblickend
der Prinz. „Mich drängt es, sie zu kennen und ihr zu
danken!" Alle folgten der Richtung seiner suchenden Blicke;
auch Markulf, der zu sich gekommen, mit erglühenden Wangen
zugehört und jetzt zu seinem Befremden nicht Placidas holdes
Antlitz über sich erblickte, sondern die derben gehärteten Züge
des Freibauern vom Eigelhofe.

„Die Dirn' ist lange fort," sagte Eigel, „wie der Felsen
geöffnet ward, ist sie ihres Weges gegangen und gewiß zu
ihrer Heerde und Sennhütte zurückgekehrt ..."

„So laßt uns eilen, ihr zu folgen," riefen Dietwalt
und der Herzog, „sie soll sich unserem Dank und ihrem
Lohne nicht entziehen!" Schnell war der Zug gesammelt und
geordnet; begrüßt vom Zuruf der getreuen Waffenleute, vom
Klirren der aneinander geschlagenen Wehren schritten die
Fürsten den wüsten Bergpfad hinab. Beklommenen Gemüths
folgte Markulf: „Sie also war es, die mich gerettet,"
grollte er, „aber sie ist fort, eh' ich wußte, was sie für
mich gethan — sie verwirft meinen Dank, wie sie meine
Liebe verschmäht!"

Der Wiederhall in der Seeschlucht wachte auf und
trug den Jubelruf gebrochen und vervielfacht an den steilen
Bergwänden dahin —— er dröhnte auch hinüber, wo die
Sagereckerwand in den See abfällt, zu der die riesige

Wettertanne, unter deren dichte, wie ein Zelt den Boden
streifende Zweige Alboin und Amalaswintha sich geborgen
hatten. Knirschend in ohnmächtiger Wuth hatte die Longobardin gesehen, wie ihre Feindin, die Verrätherin ihres
Thuns, in das Schiff aufgenommen wurde. „Er triumphirt!"
rief sie und streckte die beschwörenden Arme wie herausfordernd
gegen Himmel. „Kannst du das sehen, du Himmel, und
blauest fort und schwärzest dich nicht mit dem Gewölk des
Donners, seinen Blitz hernieder zu senden? Schaut Ihr das
mit an, Ihr Berge, und schüttelt nicht die Felsenhäupter, sie
über ihn herab zu stürzen? Aber er soll nicht! Ich will
hinüber! Eh' sie zu ihm gelangen, will ich den alten Weg
zurück und renne ihm den Dolch in's meineidige Herz! . . ."

Des alten Waffenmeisters kräftiger Arm hielt die Fort-
stürmende zurück. „Bist Du von Sinnen, Herrin," sagte
er, „daß Du Dich den Feinden selbst überliefern willst?
Sie werden jetzt mit den Fahrzeugen an der Ebene landen,
wo die tolle Dirne gehaust; sie werden dort eine Weile bleiben
müssen, bis das Gefolge des Prinzen sich gesammelt hat, bis
das Mädchen im Stande sein wird, ihnen Auskunft und
Anschlag zu geben, dann wird es ihr Erstes sein, daß
die Einen nach der Berghöhle eilen — Andere werden hieher kommen, unsere Spur zu verfolgen . . . Dem müssen
wir vorbeugen und ausweichen, Herrin . . . in ihrem Rücken
wollen wir uns auf die Höhen gegenüber zurückschleichen —
die Höhle selbst soll uns für die ersten Tage zur Zuflucht
dienen, denn dort — darauf kannst Du sicher bauen! — dort
suchen sie uns sicher nicht und sollten sie es thun, so ist der
Zugang dahin so schmal und beschwerlich, daß es ein Leichtes
ist, ihn völlig unwegsam zu machen . . . es gilt nur, ein
paar tüchtige Blöcke loszumachen und hinabzurollen . . . "

„Thu, was Du willst," erwiderte Amalaswinth, bei welcher die erste heftige Aufregung bereits einer nicht minder starken Abspannung und Theilnamlosigkeit zu weichen begann, „sorge für Dich, Alboin — ich bleibe hier, ich weiche nicht! Mögen sie mich fahnden ... was kann mich Schlimmeres treffen, als der Tod! Ich habe mein Ziel verfehlt, meine Hoffnung verloren ... was liegt mir noch am Leben!"

„Warum verloren?" fragte hastig der Alte hinwieder. „Was einmal mißglückt ist, kann ein andermal gelingen ... ist Deine Rache Dir wirklich ein so großes und wichtiges Geschäft, so zeig' es, Herrin, und rette Dich für sie!"

„Recht," rief Amalaswinth aufathmend, „Du hast das rechte Wort gesprochen — das gibt mir das Leben wieder! Voran, Alboin, ich will Dir folgen ... ich will mich für meine Rache erhalten! Mag er mir diesmal entrinnen — meine Hand rastet nicht, sie faßt ihn wieder und hat sie ihn erreicht, dann soll sie ihn desto sicherer, soll ihn unentrinnbar treffen!" Hastigen Schrittes folgte sie dem Alten, der behutsam spähend und mit Vorsicht jedes Geräusch vermeidend, an den unteren Berghängen des Watzmann dahin einen kaum für das flüchtige Wild gangbaren Pfad suchte, dann den Eisbach überschritt und sich wieder aufwärts wandte, vom Rücken her ansteigend die Sagereckerwand zu erreichen. Die Ermüdung, welche bei Amalaswinth nach allem Erlebten zu Tage trat, hatte sie gezwungen, unter der Tanne Halt zu machen; dort erreichte sie der Ruf der mit den Geretteten fröhlich Zurückkehrenden; von dort lauschte Amalaswinth behutsam sich vorbeugend hernieder, und sah tief unter sich den Gehaßten mit seinem Gefolge vorüberziehen ... „Geh' hin," murmelte sie vor sich hin, „wenn nicht diese Berge mich decken, begegnest Du mir wieder ..."

Indeß sie nun in weitem Bogen dem Kaunstein zuschritten, kam zu demselben Ziele von anderer Seite ein anderer Wanderer gegangen; es war der alte Chriembert, der in voller Waidmannsrüstung den wohlbekannten Pfad so eilend dahin schritt, als es die Beschaffenheit desselben und das tiefe Nachsinnen gestattete, in das er versunken war. Verschiedene widerstreitende Gedanken kreuzten sich unter dem schlichten weißen Haar und der sorgengefurchten Stirne: es wollte ihm nicht klar werden, was er von Allem zu denken habe und was die in solcher Hast befohlene Jagdfahrt zu bedeuten habe. Der Herzog hatte alle seine Mannen zu dem Waidgange aufgeboten, und dessen eigentlichen Zweck gegen Jedermann verborgen, dennoch konnte es nicht fehlen, daß Andeutungen zu Gedanken wurden, daß aus verlorenen Worten Vermuthungen entstanden, daß das dunkle Gerücht ging, es gelte den Prinzen zu retten, der von einer großen Gefahr bedroht sei. Wenn das Wahrheit war, welche Gefahr sollte das sein? Drohte sie Beiden, so stand auch für ihn das Werthvollste, das Leben des einzigen Sohnes auf dem Spiel, der ja als Begleiter und Führer mit ausgezogen ... sollte sie dem Prinzen allein gelten, was war dann mit Markulf geschehen, der ihm zu Schutz und Schirm dienen sollte ... wie der dunkle Wolkensaum eines am Horizont sich ansammelnden Gewitters stieg eine finstere unheilvolle Ahnung im Hintergrunde seines offenen arglosen Gemüthes empor ... Wies er auch jeden Gedanken, der eine Beschuldigung Markulf's enthalten konnte, mit ungläubiger Entrüstung schon im Entstehen zurück, weil er ja Sinn und Gemüth des Sohnes zu gut kannte, um nicht zu wissen, daß er trotz aller auflodernden Raschheit unfähig war zu jedem uneblen Thun — so kehrten ihm doch die Gedanken wie in ver-

zaubertem Zirkel immer wieder zum gleichen Ausgangspunkte
zurück, und er wußte selbst nicht, wie es geschah, daß ein
unheimliches Frauenbild immer und immer wieder sich unter
die ihm unklar vorschwebenden Gedanken drängte. War es
die Gestalt der verhaßten Walchenbirne, die das Herz des
Sohnes an sich gekettet mit geheimnißvoller Macht? Oder
war es eine andere unheimliche Erscheinung, ein gewaltiges
reckenhaftes Frauenbild, das ihm vor wenigen Tagen auf
einsamer Bergwanderung unerwartet, als wäre sie aus dem
Boden gestiegen, in der Bergwildniß des Kaunstein in den
Weg getreten war, und zuerst wieder die Erinnerung an
das Walten und Schalten der Walkyren und Schwanenfrauen
in ihm hervorgerufen hatte? Ging doch eine dunkle Sage,
daß ein Weib den Prinzen bedrohe, ... das Weib war
zwar, wie sie gekommen, verschwunden, als hätte sie sich
in die Luft geschwungen, doch hatte der flüchtige Anblick
genügt, ihn das Schwanengefieder um ihr Gewand erkennen
zu lassen ... sollte Markulf trotz seiner Warnung der Un-
heilvollen verfallen sein? ...

Also, schwankend zwischen Zweifel und Hoffnung, unstet
bewegt von Beruhigung und Sorge, hatte der Alte eine
Hochebene des Götzenbergs erreicht, welche weithin von wüstem
pflanzenlosem Steingeröll bedeckt, einem Götterbilde zum
Standorte diente, das aus übereinander geschichteten Trümmern aufgebaut wüst und finster in die unwirthliche Oede
empor ragte. Schon damals hatte das Götzenbild zu zer-
fallen begonnen: jetzt ist es längst bis auf die letzte Spur
vernichtet und nur der Name des Bergrückens hat vielleicht
eine schwache Erinnerung daran aufbewahrt. Am Kessel,
wo der Bergbach sich sein Felsenbett gewählt hatte, war
Chriembert gelandet; eine dunkle unerklärliche Ahnung trieb

8

ihn, von dort hinan zu steigen, und so den übrigen entgegen
zu kommen, welche, wie es hieß, bis zur Walchen-Almende
schiffen und dann vom Watzmann an im Ring die Berge
durchforschen sollten ... dort, in jener Umgebung war ihm
das Zauberweib begegnet, dort mußte sie hausen, dort mußte
es jedenfalls am Ersten gelingen, ihr nahe zu kommen und
ihre Zauber zu vernichten.

Wohl bekannt mit jedem Weg und Steg über den
Götzen, die er so oft begangen, daß er sich's vermessen wollte,
sie bei finsterer Nacht zu finden, hatte er des Pfades, den
er beschritten, über seinem Sinnen und Denken nicht mehr
geachtet, als er plötzlich um sich schauend zu seiner Verwunderung gewahrte, daß er dennoch vom rechten Steige ab-
gekommen war: er stand in Mitte eines Felsenrings, der ihn
nach allen Seiten umschloß und sogar den Ort nicht mehr
erkennen ließ, durch welchen er in die Enge hereingekommen.
„So geht es,“ brummte er in den Bart, „wenn man den
Gedanken nicht Zügel anlegt und Zaum — sie kommen auf
Abwege und führen die Füße mit! ... Dort drüben,“ fuhr
er fort, nachdem er zum Himmel empor geblickt und den
Sonnenstand betrachtet hatte, „nach dem Morgen hin liegt
der See, und hier schräg über, nicht dem Untergange zu
muß der Kaunstein sein: wär' ich nicht zu nahe daran, ich
müßte sein riesiges Krummhorn vor mir sehen ... Ich denke,
wenn ich gerade darauf los an die Felsen gehe, wird es
wohl durchzukommen sein, und ich muß nicht weit vom Fuße
des Hornes stehen ...“ Der Gedanke war so schnell aus-
geführt, als gefaßt, aber ohne den erwarteten Erfolg, wenn
es auch gelang, zwischen den Felsen, die wie ein Stein-
geländer sich aufthürmten, sich hindurch zu zwängen. „Ha,
die Aussicht öffnet sich schon,“ sagte Chriembert, durch-

schlüpfend — „da liegt der Eisriese schon vor mir und läßt
die Zackenkrone im Sonnenscheine funkeln! Sonderbar —
diesen Weg bin ich nie gekommen, von dieser Seite habe ich
den Raunstein noch nie erblickt! Was für ein loses Gelüfte...
es sieht sich an, als wär' es ein Haufen lockeren Gesteins,
das man übereinander geschüttet... Beim Donner, sähe
man unten, wie es mit dem alten Gesellen beschaffen ist,
ein Jeder würde Dank-Runen an den Weg legen, der
glücklich darunter weggekommen! ... Aber wie komme ich
von hier wieder weg und weiter?" fragte er sich selbst, indem er mit unruhigem Staunen umherblickte. „Ich will mich
an diesem Zacken hinunter lassen... die Platte unten ist breit
und bequem: dort, an der Schneide, bei dem Vorsprung, muß
sich ein Pfad geben ... Ich sehe die Spuren, daß hier
Steinböcke heimsen ... Hoho, wo der Langbart Platz findet,
werde ich auch nicht zurück bleiben!"

Rasch wurde der Stachelstock in die Tiefe auf die
Felsplatte geschleudert; der Rückensack folgte nach — Bogen
und Köcher, hoch in den Nacken geschoben, hinderten den Ge-
wandten nicht, hinab zu klettern und von der letzten Felsritze
aus in mächtigem Sprunge den Boden zu erreichen. Rasch
trat er an den Abhang vor, aber so vertraut sein Auge mit
dem Anblick von Schluchten und Abgründen war, trat er
doch unwillkürlich wie schaudernd und schwindelnd zurück, ...
wohl stieg der Raunstein in seiner ganzen Furchtbarkeit vor
ihm empor, aber zwischen demselben und seiner Platte öffnete
sich ein Felsenschlund, dessen Grund für das Auge unerreich-
bar war und aus dem das Donnergebraus eines unten
herausstürmenden Wildbachs nur wie leises Rauschen herauf
tönte — die Wände desselben stürzten glatt und senkrecht ab,
kein noch so gewagter Sprung trug über die entsetzliche Tiefe:

8*

nicht nach vorne, noch zur Seite gab es einen Ausweg, und die Wand, über welche er herabgeklettert war, stieg nun im Rücken so unnahbar steil empor, daß es unbegreiflich war, wie ein Mensch vermocht hatte, sich daran herunter zu lassen, ohne auszugleiten und zerschmettert zu werden. „So hast du dich auch einmal vollständig verstiegen und verirrt, alter Thor," rief Chriembert, „... Du bist in der Felsenwildniß eingeschlossen und abgesperrt von den Menschen und von der Welt..." Er sprach es mit einem Tone, der munter klingen sollte, und um seine bärtigen Lippen zuckte es wie ein Lächeln, aber an das starke Herz pochte doch zum erstenmal im Leben etwas, das nahe mit Besorgniß und Schrecken verwandt war.

Der Eindruck steigerte sich und wuchs wie das dem Gewitter voranziehende Lüftchen, das erst zierlich mit den Wipfeln und Laubkronen spielt, schneller und schneller einhersausend, bis es zum Sturme, zum Orkane geworden, der die Stämme bricht und die Wurzeln aus dem Grunde hebt. Zu dem noch unbestimmten Gefühl der eigenen schweren Gefahr gesellte sich die Sorge, daß einem andern, ihm theuren Leben schweres Unheil bereitet werde... die Sorge wurde zur Unruhe und die Unruhe zur Angst, welche jeden Tropfen im Blute gerinnen, jedes Haar auf dem Scheitel sich erheben macht.

Drüben, jenseits der Schlucht, am Fuße des Kaunsteinhornes, wurden Amalaswinth und Alboin sichtbar, und begannen sofort ihr geheimnißvolles Werk: verwundert, bebend vor Erregung sah Chriembert ihnen zu — unbekannt mit dem, was geschehen war, wie mit der bereits gelungenen Befreiung der Gesuchten, fehlte es ihm an jedem Anhalt, das sonderbare Beginnen zu erklären: doch dämmerte eine Ahnung der Wirk-

lichkeit in ihm empor, hinreichend, ihn vom Wirbel bis zur
Sohle mit Entsetzen zu füllen... es mußte ihm scheinen, als
sollte das, was bereits vereitelt war, erst in's Werk gesetzt
werden... „Ist das nicht das fremde unheimliche Weib,
von dem sie erzählen?"... rief er. „Es ist dieselbe, der
ich in der Oedenei begegnet bin! Was schafft sie für elendes
Neidingswerk mit ihrem Zaubergesellen?... Dort, wo
sie sich mühen, muß der Eingang in die Zwergenhöhle
sein... ich sehe den Wildpfad, der daneben vorbei in's Thal
führt... Sie rollen Blöcke zusammen, als suchten sie den
Weg zu verrammeln!... Oder wollen sie die Höhle schließen,
Jemand gefangen zu halten für ewig? Gilt es wohl gar,
einen Blutenden, einen Todten zu verbergen, damit der
Rächer seine Spur nicht finde?... Und ich kann nichts
thun zur Rettung... auf diesen Felsen gebannt muß ich
ohnmächtig sehen, was geschieht und kann es nicht wehren!
Ich fühle in der Brust den gewohnten Muth, die alte Kraft
in der Faust... ich kann sie nicht gebrauchen, um zu
helfen... hier, auf dem öden Felsen bin ich angeschmiedet,
wie der Wolf an der Kette... ich kann nur heulen, die
Zähne fletschen und im Ingrimm in meine eigenen Bande
beißen!... Aber ich will nicht!" schrie er mit einer Stimme,
die oft im Gefecht den Feind schaudern gemacht. „Ich will
hier nicht zu Grunde gehen, will nicht müßig zusehen, wie
meinem Markulf, meinem Blut Unbill widerfährt... ich
breche mir die Bahn hinab..." Sein Angesicht war todten=
fahl geworden, aber das Blut trat ihm in die Augen und
röthete sie, seine Muskeln spannten sich an wie in willen=
losem Krampf und mit der sinnlosen Wuth des Berserkers
stürzte er sich auf einen der Felszacken am Rande, faßte
ihn und rüttelte daran mit einer Gewalt, der er hätte weichen

müſſen, wäre er etwas Anderes geweſen, als feſtgewachſenes
Geſtein. Er mußte ablaſſen, drückte in ohnmächtigem Grimm
die Ballen der blutenden Hände an die flammenden Augen,
dann drohte er mit der Fauſt in den Himmel empor. „Wo
biſt du, Donner, wenn du deinen Alten nicht hörſt? Wirf
deinen nutzloſen Hammer hinweg, wenn du die Macht nicht
haſt, ihn auf das Zaubervolk dort hinunter zu ſchleudern,
daß er ſie zerſchmettert! Ich verlache dich, du ohnmächtiger
Gott ... hier bin ich und höhne dich in's Angeſicht, triff
mit deinem Blitze mich, wenn ich an dir frevle...“

Außer ſich ſtürmte er wieder dem Rande des Abgrundes
entgegen — er ſah die Beiden drüben noch immer mit dem
geheimnißvollen Werke beſchäftigt: er erhob ſich, um aus voller
Bruſt hinüber zu rufen, aber der Laut erſtarb ihm in der
Kehle — ein feines fernes Klingen wurde hörbar, feierlich
und klar wie ernſter in den Lüften verſchwebender Geſang ...

„Die Glocke von der Walchen-Almend“ — flüſterte er
und horchte höher und höher auf, und die Schwingen des
Abendwindes, welche das Läuten herauf trugen bis in die
Wolkenheimath, fächelten ihm die glühende, von Angſttropfen
überrieſelte Stirne ... Ein Empfinden überkam ihn, das
er noch nie geahnt: wie mit einem Zauberſchlage war Alles
um ihn her verändert; er ſah die Felſen nicht mehr und die
Steinwuſterei, in der er ſich befand — das Bild des Abends
umgab ihn, wo vor dem Eigelhofe an der brauſenden
Salzach der Chriſtenprieſter vor ihn getreten, die Macht
ſeines Gottes preiſend, der ein milder Gott ſei denen, die
ſich ihm willig beugen, den trotzigen Sinn aber zu brechen
wiſſe, der ihm widerſtrebe ... wo er aufrecht gegenüber ge-
ſtanden und den Nacken frei emporgehoben im Gefühle der
eigenen Kraft, die des fremden Helfers nicht bedürfe. Es

war ihm, als ſähe er das ernſte Antlitz des Mönches aus
der zertrümmerten Römerſtadt vor ſich, als fühlte er den
durchbringenden Blick dieſer Feueraugen auf ſeinem Angeſicht
haften, als vernehme er die feierlich mahnenden Worte von
der weithin über den Erdball reichenden Hand des Gewaltigen . . . er fühlte, die Stunde war für ihn gekommen, wo
ihm die eigene innere Kraft zerbrach, wie Schilf, auf das er
ſich geſtützt, wo er es bekennen mußte, daß er in ſich kein
Heil mehr habe und keinen Stab. Unwillkürlich, wie dem
Drucke eines unſichtbaren Arms gehorchend, ſank er langſam
in die Kniee und flüſterte mit bewegter Stimme: „. . . Sie
nennen Dich gewaltig und doch gnädig, Gott der Chriſten . . .
ſei es auch mir! Zeige auch mir Deine Gnade, wie Deine
Gewalt . . . Sie ſagen: ich gehöre ſchon zu den Deinen: ich
will es auch, ich will mich Dir beugen . . . ich bin nichts
mehr vor Dir, als ein zerbrochener Stab . . ."

Er verſtummte, aber durch ſeine erwachende Seele
wehte der Frühlingshauch des erſten Gebets: aus der Grabes-
erde der eigenen Nichtigkeit war die unvergängliche Blüthe
gekeimt — er fühlte das Band um ſich geſchlungen, das
liebend alles Endliche anknüpft an den Unendlichen, auf daß
es nicht verſtäube in troſtloſer Verlorenheit . . .

. . . Dumpfes Getöſe weckte ihn aus ſeiner frommen
Verſunkenheit. „Was geht hier vor?" rief er aufſpringend
und ſtarrte nach dem Kaunſtein hinüber . . . „Die Wahn-
ſinnigen! Sie ruhen nicht, bis ſie ihr eigenes Verderben
bereitet . . . ſie haben den Felſenbau des Berges gelockert
und ſeine letzte Stütze los geſchlagen . . . Die Maſſe des
Gebirgs geräth in's Weichen . . . entſetzliches Schickſal, das
Horn des Kaunſteins beginnt ſich zu ſenken . . . er ſtürzt
ein . . . "

Dröhnende Schläge, unter denen das Gebirge weithin erbebte, schütterten durch die Luft; donnerähnliches Rollen und das Prasseln zerschmetterten Gesteins folgte Schlag auf Schlag — wolkengleich stieg aufgewühlte Erde und zerriebenes Geröll in die verfinsterte Luft: die unterste Steinlage war zuerst gewichen — langsam, wuchtig drängten die obern nach, immer höhere, immer größere nach sich ziehend, die erst allmählig sammt Gesträuch und Wald sich fortschoben, bis die Bewegung mit der steigenden Geschwindigkeit des Falls immer schneller ward, bis der Fall zum Sturze wurde und fortgerissen, geschleudert, geschnellt, Felsen, Bäume im Wirbel der Vernichtung durcheinander sausten, stürzten und nach allen Seiten hernieder donnerten...

Selbst zu einem Steinbild erstarrt, stand der erschütterte Greis dem furchtbaren Schauspiel gegenüber: er fühlte nicht, wie die Platte unter ihm erzitterte, wie die Trümmer um ihn niederschlugen — er sah nur die beiden Menschen am Fuße des einstürzenden Berges. Der Mann war in's Knie gesunken und verbarg das Antlitz in den Händen: er vermochte nicht den Schrecken des Todes in's Angesicht zu sehen — das Weib sah er hochaufgerichtet steh'n: kühn und wie herausfordernd hielt sie die Arme den stürzenden Trümmern entgegengebreitet, bis sie von ihnen im rasenden Schwunge ereilt und hinweggerissen war...

Auch Chriembert kniete wieder, gesenkten Haupts: kurze Zeit nur hatte das entsetzliche Getöse des Einsturzes gewährt... Grab und Tod sind nicht stiller, als es dann um ihn her sich lagerte. Lange wagte er nicht mehr, den Blick zu erheben — als er es that, entrang sich ein Freudenruf der geängsteten Brust... die Kluft vor ihm war zum Theil von dem eingestürzten Gestein ausgefüllt: ein ungeheurer

Felsblock mit einem Stück Waldes lag darinnen und die Tannen senkten ihm die riesigen Wipfel entgegen, als wollten sie sich selber zur Brücke anbieten, die ihn wieder hinüber trage in das Reich der Lebenden . . .

Darüber hinaus aber, nicht mehr gehemmt durch den Koloß des Kaunsteins, öffnete sich der weite Ausblick auf die gegenüberliegende Sagereckerwand, auf den gewaltigen Watzmann, der unerschüttert den Fall des Jugendgenossen mit angeschaut und auf den grünen Rasenfleck zu seinen Füßen . . . Auf diesem aber drängte sich eine bunte Schaar durcheinander — das Falkenauge des Greises unterschied den Herzog und seine Söhne . . . er glaubte auch Markulf darunter zu erblicken, und als sich wieder die Glocke regte, zu Dank und Preis für den, der sie Alle gerettet hatte, vor der Bosheit der Menschen und der Gewalt der Natur . . . da brach der letzte starre Eisring seiner Seele und tropfte geschmolzen in schweren Thränen von den greisen, noch nie benetzten Wimpern. — —

— Nicht lange nachher bot die Watchen-Almende wieder ein Bild der Freude und des Friedens, wie zuvor, wenn auch nicht so farblos und einfach, als es gewesen. — Nach den Mühen und Schrecken des Tages galt es, für den Herzog Mahl und Nachtlager zu rüsten, denn ergriffen von den wunderbaren Ereignissen, die an ihm vorübergegangen, wollte er den Schauplatz derselben nicht so bald verlassen, und gedachte, die Heimfahrt über den See bis zum kommenden Morgen zu verschieben. Das Bedürfniß machte erfinderisch, aus Mänteln und Decken wurden leichte Zelte über Spießen aufgehangen und ein einfaches Mahl, zu dem Wald und Wasser schnell Beisteuer gegeben, war der Vollendung nahe.

Da trat der greise Herzog. in die Mitte der Seinen

und führte Placida hervor, ihr nochmals Alles zu danken,
was sie gethan. Sittsam und bescheiden stand sie da und
wagte nicht, die Augen aufzuschlagen: sie mochte fürchten,
dem brennenden Blicke Markulf's zu begegnen, der gegenüber
stand, noch immer des Augenblicks harrend, der es ihm möglich
machen würde, sie zu sprechen und die letzte Frage an sie
zu richten. „Der Herr ist gnädig mit uns gewesen," sagte
der Herzog, „er ist in seiner ganzen Furchtbarkeit an uns
vorübergezogen, aber wie ein Verderben drohendes Gewitter
hat er uns nur Segen zurückgelassen . . . Wir wollen deß
eingedenk sein und ihm hier eine Andachtsstätte erbauen, die
allen Nachkommen ein Zeuge und Zeichen unsres Dankes
sei . . . Dich aber, wackere Jungfrau, deren reiner, helden-
müthiger Sinn uns nächst Gott aus dem Wirrsal geführt,
in das wir gerathen waren . . . Dich will ich belohnen, daß
der Edelste meines Landes sich geehrt fühlen soll, wenn Du
ihm Deine Hand als Gattin reichen willst . . . Kraft meines
herzoglichen Amtes nehme ich den Makel Deiner unfreien Abstammung von Dir und mache Dich und Deine Sippe zu
freien Leuten, wie die Freiesten im Lande . . . Du sollst
ein schönes Gut zur Mitgift von mir erhalten . . ."

„Nicht also, edler Herr," unterbrach ihn Placida mit
bescheidener Festigkeit; „ich nehme die Freiheit dankend an
für mich und die Meinigen . . . der Aussteuer und Mitgift
bedarf ich nicht. Ich will eine arme Magd bleiben, die
frommen Jungfrauen in der Salzburg werden auf Euer
Fürwort eine solche aufnehmen, die ihnen dienen und die
Glocke zur Hora läuten kann . . ."

Bewegung entstand im Kreise der Versammlung; Markulf wollte vortreten, der Herzog erwidern; ehe sie dazu
kamen, war der alte Chriembert, der inzwischen herbeige-

kommen und Alles erfahren hatte, schon neben Placiba getreten und hatte ihre Hand erfaßt: „Ich habe Dir Unrecht
gethan, Mädchen," sagte er, „ich habe Dich verkannt und
geschmäht, weil ich glaubte, meinen Sohn vor Dir wahren
zu müssen ... ich sage es Dir jetzt offen vor Allen und
bitte Dich, daß Du mir verzeihst ... Ich habe Dich als
meine Schwieger verschmäht, jetzt aber komme ich, selber um
Dich zu freien, und wenn Du es in Deinem Gemüthe finden
kannst, wie ich es geglaubt, so sage Ja und ich will zu
Deinem Bater gehen und wie es Brauch ist, um die Walchenbirne für meinen Markulf werben ... "

Sie schwieg; das glühende Antlitz gesenkt.

„Sie schweigt, Bater," rief Markulf, der vorgeeilt
war, „sie hat keine Antwort für Dich und mich!"

„Welch' eine Antwort begehrst Du noch, Du thörichter
Gesell!" entgegnete der Herzog. „Traun, gälte dieß liebliche
Erröthen mir, ich wüßte wohl, es zu deuten!"

„Ist es wirklich, Placiba?" rief Markulf, und faßte
ihre Hand. „Dürft' ich es glauben? So wäre doch nicht
wahr gewesen, was Du meinem Bater gesagt?"

Sie hob das Auge etwas empor: ihre Blicke begegneten
sich. „Es war," flüsterte sie — „aber es ist nicht mehr!
Ich liebe Dich, Markulf, und will die Deine sein!"

„Und ich segne Euren Bund," rief der Herzog, „mit
einer Freude und Zuversicht, wie sie mir selten zu Theil geworden! Ihr werdet einander ganz angehören, denn Ihr
habt einander erworben: Ihr werdet glücklich sein, denn Ihr
habt in den Stunden der Prüfung bestanden! Der Bund
des freien Bajoaren mit der Enkelin des Geschlechts, das
einst in diesen Gauen geherrscht, soll Euch und dem Gau
zum Segen werden — mit ihm schwinde der letzte Rest der

Zwietracht, welche die Stämme getrennt: die alte Zeit des Hasses sinke hinunter, und eine neue beginne, eine Zeit der Eintracht und der gläubigen Liebe!"

"Gewähret auch mir, dem alten Kriegs-Gefährten, eine Gunst," begann Chriembert, während der Herzog die Hände des glücklichen Paares vereinigte. "Ich will meinen Hof in der Schönau meinem Markulf abtreten und seinem jungen Weibe, falls Ihr ihn für mündig wollt gelten lassen ... ich selbst will hier bleiben in den Bergen, in denen ich so Viel, so Gewaltiges erlebt: ich will bei dem frommen Vater in der Salzburg lernen, ein Christ zu werden und will der erste Siedler sein an dem Kirchlein, das Ihr hier gründen wollt!..."

Der Herzog gewährte die Bitte, er verhieß sogar, bis zur Hochzeit zu bleiben, und selbe durch seine eigene Gegenwart zu verherrlichen. Auf viele Stunden im Lande war es ein Fest, als der Freihofbauer von der Schönau sich mit dem schimmernden Gefolge von Bauern, Reisigen und Edlen aufmachte nach der einsamen Ramsau, um die Walchenbraut heimzuführen. Von ferne schon erscholl der Gesang und die Musik der longobardischen Künstler, als sie durch die Engabein heranzogen; im Hause des Romanen saß die alte, blinde Urahnin wie sonst unter den Säulen des Innenhofs, und vernahm die Töne, die fern und doch wohl unterscheidbar an den Höhen widerklangen...

"Und mein Gedanke
"Flüchtet zum schönsten
"Winkel der Erde..."

klang es eben in die erträumten Saiten der Lyra von ihren Lippen — da drangen die weichen südlichen Weisen an ihr

Ohr ... sie horchte hoch auf, indeß das Instrument den
nachlassenden Fingern entglitt und ein Lächeln des seligsten
Glücks schwebte wie ein Lichtstrahl über das seit Menschen-
altern versteinte Gesicht ... „Er ist es ... er kommt! Ich
habe es wohl gewußt, wenn sie zweifelten ... ich habe gewußt,
Florus hat uns nicht vergessen — Florus wird kommen,
seine Lucia zu holen ... O diese Töne ... wie sie mich
grüßen! Wie sie so bekannt an meine Seele dringen ...
Es ist weit in die schöne südliche Heimath — ach, so unsäglich weit, aber die Liebe findet den Weg ... Er kommt!
Er führt uns Alle dahin ... o mein Florus ...“

Das lächelnde Angesicht neigte sich zur Brust herab,
die entzückten Augen brachen — mit Thränen in den ihrigen
drückte Placida, schon mit der Brautkrone geschmückt, sie der
Todten zu und eilte dem schönen Leben entgegen, in Markulf's Arme, die sich ihr von der Schwelle entgegen breiteten.

Das Leben der Vereinigten war ein freudiges, die Vor-
hersagung des edlen Herzogs ging reichlich an ihm in Erfüllung.

Chriembert wurde der erste Siedler an dem einsamen
Bethause, das bald statt der Sennhütte in der Walchen-Almende sich erhob; er hatte den Namen Bartholomäus gewählt,
des Heiligen, dem auch das kleine Kirchlein geweiht worden.
Lange Jahre stiller Beschauung und frommer Betrachtung
waren ihm noch vergönnt und die Kunde seines Lebens war
unter den Menschen außerhalb der Berge schon verschollen,
als vorüberziehende Jäger, durch das Verstummen der Glocke
aufmerksam gemacht, den frommen Bruder Bartholomäus
dahin geschieden fanden.

Von dem Einsturze des Kaunsteins weiß kaum mehr
die Sage zu berichten; besser vermag es der Felsendamm,

der den See in zwei Theile geschieden hat und den Obersee vom Königssee trennt.

Die Glocke war Jahrhunderte lang eine merkwürdige Seltenheit, ein alterthümlicher Schatz der kleinen Probstei, die später an der Stelle des ersten Kirchleins entstanden war... seit der Umwandlung in ein Jagdschlößchen ist sie nicht mehr aufzufinden gewesen: aber auch ohne ihren Ton fühlt sich Jeder, der die grüne Einsamkeit besucht hat und im Fortrudern darauf zurückblickt, von einem Hauche der Anmuth umweht und von dem Geiste des Friedens begrüßt, der nirgends so heimisch ist, als auf dem grünen Eiland von Sanct Barthelmä!